Sie finden in diesem Buch

Ein Wort zuvor

An diesem Buch haben, genau besehen, ein paar Generationen mitgearbeitet. So der Autor (oder die Autorin) des 1791 erschienenen Buches mit dem Titel: »Neu-Vermehrtes Bernerisches Koch-Buch, darinnen Anweisung gegeben wird, mehr als Vierhundert Speisen nach jetzigem Gebrauch wohl zu appretieren, zu kochen, beizen, braten und zu backen; wie auch Pasteten, Tartes, Dessert, Cremes, Früchte en Confitures und Glaces zu verfertigen«. Aber auch die »Prager Köchinn«, die 1819 in ihrem Buch »so zu kochen lehrt, wie es heut zu Tage jede kluge Hauswirthinn für nöthig erachten dürfte«. Von dieser stammt die Prager Trüffeltorte, von jenem das Bernerische Zuckerbrod. Nicht zuletzt sind da aber auch handgeschriebene Kochbücher meiner Großmütter, ist das meiner Mutter, sind die vielen schönen alten Kochbücher, die ich gesammelt habe. Darin bin ich Seite für Seite auf Entdeckungsreise gegangen. Und wurde fündig.

Was ich Ihnen hier vorlege, sind berühmte und weniger berühmte, jedenfalls aber köstliche Rezepte aus der guten alten Zeit. In eine moderne Form gebracht, versteht sich. Denn die wenigsten könnten heute noch nach alten Maßen und Gewichten backen. Und im Laufe der Jahrhunderte haben sich ja auch die Lebensmittelangebote so grundlegend geändert, daß ich die Rezepte modernisieren mußte. Das zu tun, war eine kleine Forschungsarbeit – mit großem Erfolg.

Wie ja Backen überhaupt zu den schönsten Arbeiten in der Küche gehört. Weil es ein doppeltes Erfolgserlebnis einbringt. Sie freuen sich, wenn der Kuchen rund und zum Anbeißen schön gelungen ist. Sie freuen sich aber auch, wenn Sie gelobt werden. Von Ihren Gästen, von Ihrer Familie, von Freunden. So ist selber backen, wie ich finde, der reine Spaß. Ein Hobby, das uns in Konkurrenz bringt zum Konditor an der Ecke.

Aber alle Konditoren dieser Welt können noch so großartige Spezialisten sein, ich behaupte voll Überzeugung: Ein selbst gebackener Kuchen, eine hausgemachte Torte ist Spitze. Weil sie so individuell von einem Fachmann gar nicht gebacken werden kann. Denn er trifft nun mal den spezifischen Familiengeschmack nicht. Wie sollte er auch? Er backt ja schließlich für die Allgemeinheit. Und so bleibt hausgemachter Kuchen eine Glanznummer im Küchenrepertoire.

Damit Sie nun so recht Appetit aufs Backen bekommen, blättern Sie doch schnell mal das Buch durch. Sie finden Kaffeegebäck, Torten, Plätzchen und Kuchen vom Backblech; kurz alles, was süß, würzig und lecker ist. Und vieles, das Sie bestimmt noch nicht kennen. Dazu eine Fülle appetitanregender Farbfotos, Tips die Menge und in den Rezepten alle Angaben, die zum Gelingen notwendig sind.

Mit dem Wunsch, daß Sie Freude am Backen haben werden, lege ich Ihnen die Rezepte aus Großmutters Backstube auf den Küchentisch. Gleich neben die Backschüssel. Damit Sie das Büchlein immer dann griffbereit haben, wenn Sie es brauchen. Zum Beispiel jetzt. Vielleicht wollen Sie heute schon Ihren ersten Kuchen nach Großmutters Art für Sonntag backen?

Viel Spaß und auf gutes Gelingen

Ihre Hannelore Blohm

Backtechnik kurzgefaßt

Wohl dem, der noch alte Backformen hat. Aus Kupfer, Keramik oder Ton. Auch aus Gußeisen. Er wird sie wie seinen Augapfel hüten. Sonst begnügen wir uns mit den neuen Formen, die ja in vielen Fällen den alten nachgebildet werden. Das Ergebnis ist immer ein hübsch geformter Kuchen oder ein kleineres Gebäckstück. Wußten Sie übrigens, daß die Napfkuchenform zu den ältesten zählt, die wir kennen?

Die Backformen:

Zunächst sei den Händen als beste Formgeber das Wort geredet. Im Ernst, denn die handgemachten Formen gehören natürlich auch zu den ältesten, die die Backkunst kennt. Die Brezeln und Stollen, die Stangen und Kränze, die Kipferl und Taler und all die geflochtenen Kränze. Das können eben nur Hände. Auf diese Weise geformtes Gebäck und die Kuchen, die vom Blech kommen, waren Großmutters beliebtestes Backwerk. Auf Hände und Backblech konnte sie sich eben immer verlassen.

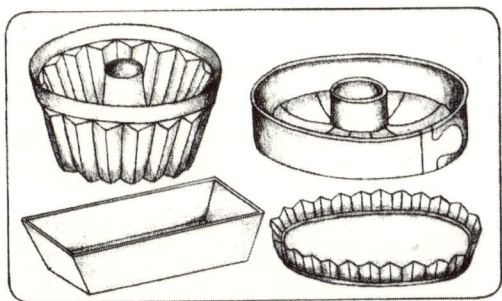

Das sind die Backformen, mit denen Sie – das Backblech mitgerechnet – fast alle Kuchen backen können.

Aber für meine Rezepte brauchen Sie außerdem ein paar Formen, die auch in der Lage sind, cremigem Teig die richtige Konsistenz beim Bakken zu geben. Zum Beispiel eine für Napfkuchen oder Guglhupf. Oder eine Kranz- und eine Kastenkuchenform. Daneben können Sie wählen

zwischen Quadrat-, Herz-, Rehrücken- und Rundformen aus Aluminium, Weißblech oder Schwarzblech, auch beschichtet. Und schließlich aus feuerfestem Glas, Porzellan oder Keramik.

Sie können aber auch Formen aus Alufolie verwenden, die nach dem Backen weggeworfen werden. Was Sie jedoch auf jeden Fall haben müssen, ist die vielseitige Springform. Notwendig für Torten und Tortenböden, also für festliche Kuchen.

Zum Plätzchenbacken gehören natürlich Ausstechformen die Menge. Runde und viereckige, aber auch Figuren wie Sterne, Monde, Vögelchen und Herzchen. Zu Weihnachten noch Engel und Nikoläuse, auch Tannenbäumchen nicht zu vergessen. In Süddeutschland wird man mit Sicherheit Holzmodeln im Haus haben, sonst könnten keine Springerle gebacken werden. Und dann wäre Weihnachten eben nicht Weihnachten.

Schließlich ist auch der Spritzbeutel ein Gerät, mit dem man Teig formen kann. Denken Sie an Eberswalder Spritzkuchen, Eclairs und Windbeutel aus Brandteig oder an Spritzgebäck aus festem Rührteig, das es meistens Weihnachten gibt.

Die Backtemperaturen

Mein bester Rat: Halten Sie sich immer genau an die Backtemperaturen, die ich in meinen Rezepten angegeben habe. Nur in Ausnahmefällen müssen Sie korrigieren. Dann nämlich, wenn Ihr Backofen anders reagiert. Backöfen sind leider nicht genormt, und daher kommt es manchmal zu einem anderen Backergebnis. In diesen Fällen bleibt es Ihnen nicht erspart, selbst ein bißchen herumzuexperimentieren. Aber das haben Sie schnell im Griff. Denn Sie kennen ja Ihren Backofen genau. Hier ist meine Temperaturtabelle der Heizstufen beim Gasherd, den Hitzegraden des elektrischen Backherdes entsprechend. Danach habe ich die Kuchen und Plätzchen gebakken und die besten Erfahrungen gemacht.

Elektroherd	Gasherd
Grad	Stufe
160	1
170	1–2
180	2
190	2–3
200	3
210	3–4
220	4
230	4–5
240	5
250	5–6
260	6
270	6–7
280	7
290	7–8
300	8

Den Gasherd heize ich immer 5 Minuten vor.

Garnieren macht Spaß

Die allereinfachste Garniermöglichkeit: ausgestochenen Teig mit verquirltem Ei bestreichen und bestreuen. Mit Zucker, Hagelzucker, Buntzucker oder gehackten Nüssen. Oder einzelne Nußkerne in den Teig drücken. Fertige Kuchen

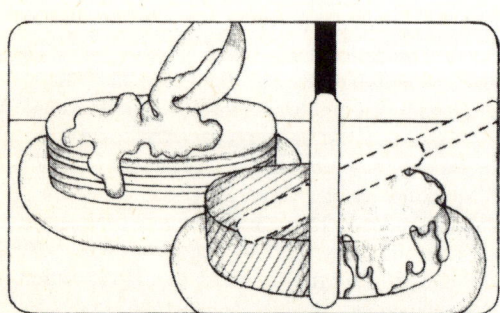

Glasur oder Creme über der Torte verteilen und mit einem breiten Messer (Palette) glattstreichen.

und Plätzchen sind schon hübsch garniert, wenn sie reichlich mit Puderzucker bestäubt werden. Die Glasur für Kleingebäck, Kuchen und Torten kann aus Puderzucker und Wasser mit Zitronensaft, Rum, Arrak oder Obstwasser gerührt werden oder aus Eischnee mit Puderzucker und Geschmackszutaten. Oder man nimmt Schokoladenkuvertüre (siehe Zeichnungen). Wenn die Glasur aufgetragen ist, kann's noch weitergehen.

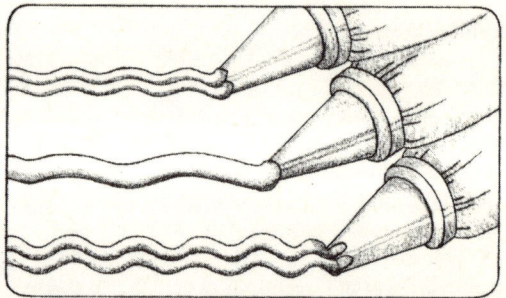

Verschiedene Tüllen im Spritzbeutel ergeben abwechslungsreiche Creme- und Sahneverzierungen.

Dann wird garniert mit Nußkernen oder gehackten Nüssen, mit kleinen Schokoladeformen wie Mokkabohnen, winzigen Pralinen oder Schokoladefiguren, mit Zuckerperlen oder kandierten Früchten.

Da Spritzbeutel mit verschiedenförmigen Tüllen geliefert werden, ist für Abwechslung bei Buttercreme- und Sahnetorten gesorgt. Sie können Sterne und Rosetten, Schlangen- und Zickzacklinien, Bänder und Schleifen auf die Torten zaubern und Ihrer Phantasie freien Lauf lassen.

Schließlich gibt es noch die Möglichkeit, Torten mit einer Schicht aus Marzipanrohmasse (mit etwas Puderzucker verkneten und ausrollen) zu überziehen. Ich steche zum Garnieren hübsche Formen aus Marzipan aus, das ich zusätzlich mit Speisefarbe bunt mache. Möglich sind Kleeblätter, Blüten, Blätter und Herzchen (zum Beispiel für Muttertag). Eine äußerst leckere Sache.

Gebäck richtig aufbewahren

Kleingebäck bewahren Sie am allerbesten in Blechdosen auf, die sich luftdicht verschließen lassen. Bei empfindlichem Gebäck trenne ich die Lagen durch Alufolie oder Pergamentpapier. Zum Aufbewahren eignen sich auch Emailletöpfe, Einmachgläser und Steingutgefäße. Sie werden luftdicht mit dem passenden Deckel oder mit Alufolie abgedeckt.

Klar, daß man verschiedene Gebäcksorten auch getrennt aufbewahrt, sonst nimmt eine Sorte von der anderen den Duft an, und Sie haben unweigerlich ein Einheitsgebäck, das Sie sich ja bestimmt nicht wünschen. Kleingebäck wird kühl aufbewahrt.

Auch der Stollen, der sich länger als vier Wochen hält oder der Rührkuchen, der nach zwei Wochen noch frisch schmeckt, wird in Alufolie gepackt und kühl aufbewahrt.

Kuchen im Gefriergerät

Hier haben Sie einen Überblick darüber, welches Gebäck sich wie lange im Gefriergerät hält:
Bis zu 1 Monat: Blätterteig- und Buttercremegebäck.
Bis zu 2 Monaten: Gebäck mit Quark und Quarksahne, Sahnetorten.
Bis zu 3 Monaten: Gefüllter Biskuit.
Bis zu 6 Monaten: Ungefüllter Biskuit, Hefegebäck, ungefüllter Mürbeteig wie Kleingebäck und Tortenböden, gefüllter Mürbeteig, Rührkuchen.

Fertiges Gebäck können Sie sofort nach dem Auftauen und/oder Aufbacken servieren.

Buttercreme- oder Sahnetorten immer erst nach dem Auftauen verzieren, weil die Garnierung im Gefriergerät nicht so gut erhalten bleibt.

Beim Nachbacken der Rezepte aus den Kochbüchern unserer Großmütter konnte ich manche Erfahrung gewinnen. Einiges, was da geschrieben stand, war zu umständlich, vieles nicht mehr nachvollziehbar, weil zu zeitraubend. So habe ich denn alle Rezepte modernisiert mit dem Bemühen, die jeweilige Qualität zu erhalten. Ich bin sicher, es ist mir gelungen, und Sie können sich auf die Rezepte verlassen. Bitte denken Sie aber noch an folgende Punkte:

● Der Originalität wegen habe ich mit Butter gebacken, weil das Großmutters bevorzugtes Backfett war. Es spricht aber nichts dagegen, stattdessen Margarine zu nehmen. Nur bei Buttercreme sollten Sie das nicht tun.

● Zitronen und Orangen, deren Schale abgerieben werden soll, müssen unbedingt unbehandelt sein und vor der Verwendung gründlich heiß gewaschen werden.

● Alle Zutaten immer abmessen oder abwiegen und vor Backbeginn bereit stellen.

● Backtrennpapier spart Zeit und Arbeit. Das Blech braucht dann nicht gefettet zu werden und bleibt sauber.

● Öffnen Sie die Backofentüre zum Nachsehen niemals zu früh. Bestimmte Teigarten vertragen das nicht.

● Für Biskuittorten immer nur den Boden der Form einfetten. Nicht den Rand. Der Teig geht sonst nur in der Mitte auf.

● Die Zubereitungszeiten beziehen sich auf meine Arbeitsgeschwindigkeit. Es könnte also sein, daß Sie wesentlich schneller sind und mich um Längen schlagen. Dann vergessen Sie bitte meine Zeitangaben.

Cognac-Sahne-Torte

Für den Teig:
100 g Butter · 8 Eier · 250 g Puderzucker ·
1 Prise Salz · 150 g Mehl
Butter und Mehl für die Form
Zum Füllen und Garnieren:
4 Gläser Cognac (8 cl) · ¾ l Sahne · 1 Päckchen
Vanillinzucker · 3 Eßl. Zucker · 2 Eßl. Instant-
Pulverkaffee · 16 Mokka-Schokoladenbohnen ·
1 Stück bittere Schokolade

- Zubereitungszeit: 1 Stunde und 20 Minuten.
- Backzeit: 50 Minuten.

So wird's gemacht: Die Butter in einem Topf
schmelzen und wieder auskühlen lassen. • Die
Eier mit dem gesiebten Puderzucker und der Prise Salz in einem Topf verrühren. Im Wasserbad
schaumig und leicht steif schlagen. Den Topf
vom Herd nehmen und die Masse so lange schlagen, bis sie kalt ist. • Dann das Mehl unterheben. • Zum Schluß die abgekühlte Butter hineinrühren. • Den Backofen vorheizen: Elektroherd
auf 180°, Gasherd auf Stufe 2. • Eine Springform von 24 cm Durchmesser mit Pergamentpapier auslegen. Das Papier mit Butter einfetten
und mit Mehl bestäuben. • Den Teig in die Form
füllen. Die Form in den Backofen auf die mittlere Schiene stellen. Den Teig 50 Minuten backen. •
Die Form aus dem Ofen nehmen. Den Tortenboden auf dem Kuchengitter auskühlen lassen. •
Die Torte zweimal durchschneiden, so daß drei
dünne Böden entstehen. • Den unteren und den
mittleren Boden mit dem Cognac beträufeln. •
Die Sahne mit dem Vanillinzucker und dem Zukker leicht schlagen. Dann den Pulverkaffee hineingeben und die Sahne ganz steif schlagen. •
Zwei Tortenböden mit Sahne bestreichen. Die
Torte zusammensetzen. Mit Sahne rundherum
bestreichen. • Die restliche Sahne in einen
Spritzbeutel mit Sterntülle füllen und auf die

Tortenoberfläche spritzen und mit Mokkabohnen garnieren. Die bittere Schokolade raspeln.
Auf der Torte verteilen.

> **Mein Tip** Ich fülle die Torte immer
> erst kurz vor dem Servieren. Wenn sie
> länger steht, verfärbt sich die Garnie-
> rung bräunlich. Anstelle von Mokka-
> bohnen garniere ich die Torte manchmal
> mit Mini-Pralinen.

Wiener Kirschtorte

Bild Seite 18

Für den Mürbeteig:
100 g Butter · 60 g Zucker · 150 g Mehl
Für den Biskuitteig:
300 g Butter · 300 g Zucker · 6 Eigelbe ·
abgeriebene Schale von 1 Zitrone ·
1 Messerspitze Salz · 6 Eiweiße · 150 g Mehl ·
150 g Speisestärke
Für die Füllung:
450 g Sauerkirschen aus dem Glas
Zum Garnieren:
4 Eßl. Puderzucker

- Zubereitungszeit: 45 Minuten.
- Ruhezeit: 2 Stunden.
- Backzeit: insgesamt 1 Stunde und 35 Minuten.

So wird's gemacht: Die Butter mit dem Zucker
verrühren. Das Mehl darübersieben, alles zu einem Mürbeteig verkneten und diesen eingewik-
kelt 2 Stunden im Kühlschrank ruhen lassen. •
Den Backofen auf 220° vorheizen. • Den Teig
ausrollen und den Boden einer Springform von
26 cm Ø damit auslegen. Den Boden einstechen
und auf der mittleren Schiene 15 Minuten vor-

backen. • Für den Biskuitteig die Butter mit der Hälfte des Zuckers, den Eigelben, der Zitronenschale und dem Salz schaumig rühren. • Die Eiweiße mit dem restlichen Zucker steif schlagen und unter die Eigelbmasse heben. • Das Mehl mit der Speisestärke über die Eimasse sieben und vorsichtig mit einem Schneebesen unterziehen. • Den Biskuitteig auf den Mürbeteigboden füllen. • Die abgetropften Kirschen auf dem Teig verteilen. • Den Kuchen bei 190° weitere 70–80 Minuten auf der zweiten Schiene von unten backen. • Den Kuchen herausnehmen, abkühlen lassen und dann mit dem Puderzucker besieben.

Prager Trüffeltorte

Für den Teig:
150 g Zucker · 1 Prise Salz · 6 Eigelbe ·
¼ l Sahne · 3 Eßl. Rum · 200 g halbbittere
geriebene Schokolade oder Blockschokolade ·
200 g geschälte gemahlene Mandeln ·
100 g Speisestärke · 75 g Mehl · 6 Eiweiße
Butter für die Form
Für die Füllung:
1 Glas Aprikosenmarmelade · 3 Eßl. Rum
Für die Glasur:
10 g Kokosfett · 3 Eßl. Kakao · 200 g Puderzucker · 4–5 Eßl. heißes Wasser · 5 Eßl. Schokoladenstreusel · 12–16 Schokoladentrüffel

- Zubereitungszeit: 1 Stunde und 15 Minuten.
- Backzeit: 1 Stunde und 25 Minuten.

So wird's gemacht: Den Zucker und das Salz in eine Schüssel geben. Mit den Eigelben und der Sahne schaumig rühren. Dann den Rum hineinmischen. Die geriebene Schokolade abwechselnd mit den Mandeln, der Speisestärke und dem Mehl in die Masse rühren. • Den Backofen vorheizen: Elektroherd auf 200°, Gasherd auf

Stufe 3. • Die Eiweiße zu sehr steifem Schnee schlagen und unter den Teig heben. • Eine Springform von 26 cm Durchmesser mit der Butter einfetten. Den Teig einfüllen und die Oberfläche glattstreichen. • Die Form in den vorgeheizten Backofen auf die untere Schiene stellen. Den Teig 1 Stunde und 25 Minuten backen. • Die Form aus dem Ofen nehmen. Den Rand lösen, die Torte auf ein Kuchengitter stürzen, erkalten und einen Tag ruhen lassen. Am nächsten Tag in zwei Platten schneiden. • Die Aprikosenmarmelade mit dem Rum glattrühren. Falls Sie Konfitüre gekauft haben, muß diese wegen der darin enthaltenen Fruchtstückchen durch ein Sieb gestrichen werden. Die Marmelade – etwa zwei Drittel – auf eine Tortenplatte streichen, die andere Platte darauflegen. Die ganze Torte mit der restlichen Marmelade überziehen. • Für die Glasur das Kokosfett schmelzen und etwas abkühlen lassen. In den gesiebten, mit dem Kakao gemischten Puderzucker rühren und so viel heißes Wasser dazugeben, daß ein dickflüssiger Guß entsteht. • Die Torte mit der Glasur überziehen. Den Rand mit Schokoladenstreusel garnieren. • Jedes Tortenstück bekommt als Garnierung 1 Schokoladentrüffel. Sie brauchen 12 oder 16. Es kommt darauf an, wieviel Stücke Sie aus der Torte schneiden.

> **Mein Tip** Ich streiche den Guß mit einem großen Messer, das ich immer wieder in heißes Wasser tauche, spiegelglatt. Dann sieht die Trüffeltorte aus wie vom Konditor.

Schwäbische Pflaumentorte

Für den Teig:
6 Eigelbe · 125 g Zucker · 2 Eßl. Rum ·
1 Vanilleschote · ½ Teel. Zimt · 6 Eiweiße ·
50 g Semmelbrösel · 200 g gemahlene Haselnüsse
Butter für die Form
Für die Füllung:
1 kg Pflaumen · ⅛ l kochendes Wasser ·
5 Eßl. Zucker · 1 Teel. Zimt · 1 Messerspitze
Nelkenpfeffer · 3 Eßl. Speisestärke · ½ l Sahne ·
1 Päckchen Vanillinzucker
Zum Garnieren:
100 g Mandelblättchen

- Zubereitungszeit: 1 Stunde und 35 Minuten.
- Backzeit: 30–35 Minuten.
- Ruhezeit: 2 Tage.

So wird's gemacht: Die Eigelbe mit dem Zucker und dem Rum schaumig rühren. Das Vanillemark und den Zimt zugeben. • Den Backofen vorheizen: Elektroherd auf 180°, Gasherd auf Stufe 2. • Die Eiweiße zu steifem Schnee schlagen. Auf die Eigelbmasse gleiten lassen. Darauf die Semmelbrösel und die gemahlenen Haselnüsse geben und unterheben. • Eine Springform mit Butter einfetten. Den Teig einfüllen und die Oberfläche glattstreichen. • Die Form in den Ofen auf die mittlere Schiene stellen. Den Teig 30–35 Minuten backen. • Den Tortenboden aus der Form lösen und auf einem Kuchengitter auskühlen lassen. • Zwei Tage zugedeckt ruhen lassen. • Den Kuchen in zwei Platten schneiden. • Für die Füllung die Pflaumen waschen und entsteinen. Mit dem kochenden Wasser, dem Zucker, dem Zimt und dem Nelkenpfeffer in einen Topf geben. Zugedeckt knapp 15 Minuten dünsten. Die Früchte sollen noch ihre Form behalten. 16 Pflaumenhälften zurückbehalten und auf

Haushaltspapier abtropfen lassen. • Die Speisestärke mit etwas kaltem Wasser anrühren. Die Pflaumenmasse damit binden. Dann abkühlen lassen. • Die eine Platte mit dem Pflaumenkompott bestreichen. • Die Sahne mit dem Vanillinzucker sehr steif schlagen. Die Hälfte auf das Pflaumenkompott verteilen. Den zweiten Boden darauflegen. • Etwas Sahne in einen Spritzbeutel mit großer Sterntülle füllen. Mit der übrigen Sahne die Torte glatt überziehen, auch den Tortenrand. • Mandelblättchen in der trockenen Pfanne goldgelb werden lassen. Den Tortenrand damit garnieren. • Die Tortenoberfläche mit 16 Sahnerosetten garnieren. Auf jede kommt 1 Pflaumenhälfte. Die Torte kalt stellen.

Mein Tip Wenn ich auf Gäste warten muß, gebe ich in die Sahne Gelatine. Ich weiche 4 Blatt weiße Gelatine ein, drücke sie aus, löse sie in einem kleinen Topf bei geringer Hitze auf, lasse sie leicht abkühlen und rühre sie in die steifgeschlagene Sahne. Dann lasse ich sie leicht steif werden und fülle die Torte damit.

Ulmer Torte

Für den Teig:
250 g Butter · 250 g Zucker · 6 Eigelbe ·
abgeriebene Schale von 1 Zitrone · 1 Prise Salz ·
250 g Speisestärke · 6 Eiweiße
Butter für die Form
Für die Füllung:
6 Eier · 200 g Zucker · 1 Prise Salz ·
100 g geschälte gemahlene Mandeln ·
1 Stück Vanilleschote · ½ l saure Sahne
Für den Guß:
175 g Puderzucker · Saft von 1 Zitrone

- Zubereitungszeit: 1 Stunde und 20 Minuten.
- Kühlzeit: 1 Stunde.
- Backzeit: 1 Stunde und 5 Minuten.

<u>So wird's gemacht:</u> Die Butter in einer Schüssel cremig rühren. Nach und nach den Zucker abwechselnd mit den Eigelben weißschaumig rühren, untermischen und die abgeriebene Zitronenschale und die Prise Salz zugeben. Dann portionsweise die Speisestärke unterheben. • Den Backofen vorheizen: Elektroherd auf 180°, Gasherd auf Stufe 2. • Die Eiweiße zu sehr steifem Schnee schlagen. Vorsichtig unter den Teig heben. • Eine Springform von 26 cm Durchmesser mit der Butter einfetten. Den Teig einfüllen. • Die Form in den Backofen auf die untere Schiene stellen. Den Teig 65 Minuten backen. • Die Form aus dem Ofen nehmen, den Tortenboden auf ein Kuchengitter stürzen und auskühlen lassen. • Für die Füllung die Eier mit dem Zucker und der Prise Salz in einem Topf schaumig rühren. Die gemahlenen Mandeln, das Mark der Vanilleschote und die saure Sahne zugeben. Die Mischung im Wasserbad dickcremig rühren. • Die Sahnecreme 1 Stunde auskühlen lassen. • Den Tortenboden in zwei Platten teilen. Die Sahnecreme auf eine Platte streichen, die andere darauflegen. • Für den Guß den gesiebten Puderzucker mit dem Zitronensaft glattrühren. Der Guß darf nicht zu dünn sein. Die Torte mit dem Guß überziehen – festwerden lassen.

Mein Tip Es sieht sehr hübsch aus, wenn man die Ulmer Torte mit kandierten Früchten garniert. Ich nehme dazu manchmal kandierte Orangenscheiben, dann wieder verschiedene Früchte oder grüne und rote Belegkirschen. Die Früchte auf den Guß legen, solange er noch nicht trocken ist.

Brauttorte der Henriette Davidis

Frage: Wieviel Mal mag die Brauttorte der Henriette Davidis aus der von einer gewissen Luise Holle bearbeiteten 32. Auflage ihres Buches wohl nachgebacken worden sein? Sie muß allerliebst und sehr nach Jugendstil ausgesehen haben. Denn damals, im Jahre 1891, schmückte man sie reichlich: Mit Myrten und Blütenblättern. So romantisch war die Zeit. Ich habe mich darauf beschränkt, diese Torte rundherum mit einem Kranz kandierter Veilchen zu garnieren und in der Mitte ein kleines Veilchenbouquet anzubringen. Aber vielleicht möchten Sie es doch anders? Es darf noch romantischer sein.

Für den Teig:
500 g Butter · 500 g feiner Zucker · 12 Eigelbe ·
1 Prise Salz · 500 g Mehl · 500 g geschälte
gemahlene Mandeln · abgeriebene Schale von
2 Zitronen · 1 Teel. gemahlene Muskatblüte
(Macis) · 12 Eiweiße · Butter für die Form
Für die Füllung:
125 g Butter · 125 g Zucker · 4 Eigelbe ·
Saft von 4 Zitronen · abgeriebene Schale von
1 Zitrone · 1 Prise Salz
Für den Guß:
2 Eiweiße · 250 g Puderzucker ·
Saft von 1 Zitrone oder 1 Eßl. Rum
Zum Garnieren:
1 Tütchen kandierte Veilchen
eventuell 1 Packung kandierte grüne Kirschen

- Zubereitungszeit: 2 Stunden.
- Backzeit: 50 Minuten für jeden Boden.
- Ruhezeit: 1 Tag.

<u>So wird's gemacht:</u> Für den Teig die Butter in einer Schüssel glattrühren. Den Zucker abwechselnd mit den Eigelben dazugeben und schaumig

rühren. Dann die Prise Salz und abwechselnd das Mehl und die Mandeln zusammen mit der Zitronenschale und der Muskatblüte zufügen. Kräftig durchrühren. • Den Backofen vorheizen: Elektroherd auf 180°, Gasherd auf Stufe 2. • Die Eiweiße zu sehr steifem Schnee schlagen und unter den Teig heben. Den Teig viertteln. • Eine Springform mit der Butter einfetten. • Ein Viertel des Teiges einfüllen. Die Oberfläche glattstreichen. Den restlichen Teig kühl stellen, aber nicht in den Kühlschrank. • Die Form auf die mittlere Schiene in den Ofen schieben. Den Teig 50 Minuten backen. • Die Form aus dem Ofen neh-

So werden die vier Böden der Brauttorte der Henriette Davidis mit Creme zusammengesetzt.

men. Den Boden auf ein Kuchengitter stürzen und auskühlen lassen. • Mit dem restlichen Teig genauso verfahren und weitere 3 Böden daraus backen. Die Springform jeweils mit Butter einfetten. • Für die Füllung die Butter in Flöckchen in einen Topf geben und zerlassen. Erst den Zukker einrühren, dann nach und nach die Eigelbe. Zum Schluß den Zitronensaft, die Zitronenschale und die Prise Salz. Im Wasserbad mit dem Schneebesen schlagen, bis die Masse dicklich ist. Vom Herd nehmen und noch eine Weile leicht rühren, bis sie wieder abgekühlt ist. • Drei Tortenböden damit bestreichen, den vierten obenauf legen (siehe Zeichnung). • Die Torte einen Tag zugedeckt kühl stellen. • Für den Guß die Eiweiße

zu steifem Schnee schlagen. Den gesiebten Puderzucker in einer Schüssel mit dem Zitronensaft oder dem Rum glattrühren. Den Eischnee unterrühren und so lange rühren, bis der Guß schneeweiß geworden ist. • Die Brauttorte damit überziehen. Am besten mit einem großen Messer glattstreichen, auch den Rand. • Solange der Guß noch nicht trocken ist, wird die Torte mit einem Veilchenrand und einem Bouquet aus kandierten Veilchen garniert. Oder abwechselnd Veilchen und halbierte oder geviertelte kandierte grüne Kirschen verwenden. • Die Torte nochmals kühl stellen.

Sachertorte

1832 hat Eduard Sacher, Wiens berühmtester Konditor, die Torte erfunden, die einmal seinen Namen in alle Welt tragen sollte. Für Klemens, Fürst Metternich, den österreichischen Politiker – bekannt durch den Wiener Kongreß – hat er sie zum erstenmal gebacken. Das Originalrezept wird von der Sacher-Familie wie ein Kleinod gehütet. Aber heute weiß fast jeder Konditor, wie eine Sachertorte zu backen ist. Jetzt wissen Sie es auch.

Für den Teig:
100 g (1 Tafel) bittere Schokolade · 150 g bittere Kuvertüre · 200 g weiche Butter · 200 g Zucker · 1 Prise Salz · 8 Eigelbe · 8 Eiweiße · 1 Päckchen Vanillinzucker · 230 g Mehl · Butter für die Form
Zum Füllen:
4 gehäufte Eßl. Marillenkonfitüre (Aprikosenkonfitüre)
Für die Glasur:
200 g bittere Schokolade · knapp ¼ l Wasser · 150 g Zucker

● Zubereitungszeit: 60 Minuten.
● Backzeit: 70 Minuten.

schneiden. Die u[...]
ser beträufeln. • [...]
dem Vanillinzucke[...]
tel auf die untere[...]
die Hälfte der Ki[...]
eventuell zum Ga[...]
nächste Kuchenp[...]
drücken. Diese P[...]
beträufeln, mit d[...]
bestreichen und [...]
legen. Die obere[...]
leicht andrücken[...]
mit Sahne bestre[...]
mit 16 Sahnerose[...]
rückgelegten, be[...]
schen oder jewei[...]
Rand und die M[...]
geraspelten Scho[...]

Haselnuß[...]

Die saftige Hase[...]
hundertwende a[...]
Und Gäste wußt[...]
jeweils sehr zu r[...]
die Torte anders[...]
ähnlich waren. [...]
Würze, ein ande[...]
Manchmal wurd[...]
ben.

Für den Teig:
6 Eier · 250 g P[...]
375 g geriebene[...]
Zwiebäcke · ½ [...]
bene Schale von[...]
oder 1 Teel. Zim[...]
Butter für die F[...]
Für den Guß:
150 g Puderzuck[...]
nensaft oder 2 [...]

So wird's gemacht: Die bittere Schokolade und die Kuvertüre in einen Topf bröckeln und im Wasserbad auflösen. Abkühlen, aber nicht steif werden lassen. • Die weiche Butter glatt und sahnig rühren. Nach und nach den Zucker einrühren. Die Masse so lange rühren, bis sie schaumig ist und bis sich der Zucker aufgelöst hat. Die Prise Salz, die geschmolzene Schokolade und nach und nach die Eigelbe hineinrühren. • Den Backofen vorheizen. Elektroherd auf 160°, Gasherd auf Stufe 1. • Die Eiweiße mit dem Vanillinzucker zu sehr steifem Schnee schlagen. Auf die schaumige Masse gleiten lassen. Das Mehl darübergeben. Locker unterheben. • Den Boden einer Springform von 24 cm Durchmesser mit Pergamentpapier auslegen. Das Papier mit Butter einfetten. Den Teig einfüllen und glattstreichen. Die Form in den Ofen, auf die untere Schiene, schieben und den Teig 40 Minuten backen. Dann die Temperatur auf 150° zurückschalten (Gasherd bei Stufe 1 weiterbacken, aber den Kuchen 5 Minuten eher aus dem Ofen nehmen) und noch 30 Minuten backen. • Den Kuchen in der Form kalt werden lassen. • Dann auf ein Kuchengitter stürzen, das Pergamentpapier entfernen und einmal durchschneiden. • Den unteren Boden mit der Marillenkonfitüre bestreichen, den oberen darauflegen und etwas andrücken. • Zum Glasieren die bittere Schokolade in einen Topf bröckeln. Das Wasser erhitzen, dazugeben

> **Mein Tip** Manchmal bestreiche ich die Sachertorte dünn mit verrührter Marillenmarmelade (sie enthält keine Fruchtstückchen) und glasiere sie dann erst. Das schmeckt auch gut. Und bitte vergessen Sie nie, zur Sachertorte Schlagsahne zu servieren. Nur mit Vanillinzucker gesüßt. Denn: Sachertorte ohne Sahne ist keine Sachertorte.

und mit der Schokolade verrühren. • Den Zucker zur Schokolade geben. Die Mischung unter Rühren auf dem Herd aufkochen. Weiterkochen, bis die Masse Fäden zieht. Das kann 10 Minuten oder auch länger dauern. • Den Topf vom Herd nehmen und den Guß so lange rühren, bis er dickflüssig ist und sich auf seiner Oberfläche eine zuckrige, dünne Haut bildet. • Die Glasur auf die Torte gießen. Mit einem breiten Messer gleichmäßig verteilen. Auch den Rand glasieren. Den Guß völlig trocknen lassen.

Frankfurter Kranz

Er gehörte zu den Festtagskuchen, mit denen schon Urgroßmutter alle Ehre einlegte. Und er ist und bleibt eine besonders beliebte Überraschung für die Kaffeetafel.

Für den Teig:
200 g Butter · 200 g Zucker · 1 Päckchen
Vanillinzucker · 1 Prise Salz · 3 Eier ·
1 Eßl. Rum · Saft und abgeriebene Schale von
1 Zitrone · 150 g Mehl · 150 g Speisestärke ·
3 gestrichene Teel. Backpulver
Butter und Semmelbrösel für die Form
Für die Buttercreme:
250 g Butter · 1 Prise Salz · 150 g Zucker ·
3 Eier · 1 Vanilleschote
Zum Garnieren:
100 g Krokant (fertig gekauft) · 16 Belegkirschen

● Zubereitungszeit: 40 Minuten.
● Backzeit: 50 Minuten.
● Kühlzeit: 1 Stunde.

So wird's gemacht: Die Butter in einer Schüssel cremig rühren. Nach und nach den Zucker, den Vanillinzucker, das Salz, die Eier, den Rum, Zitronensaft und -schale dazugeben. Schaumig rühren. • Den Backofen vorheizen: Elektroherd

(auf 180°, Gas...
Speisestärke u...
und nach in d...
form mit der l...
bröseln ausstr...
In den vorgeh...
ne stellen. Tei...
aus dem Ofen...
chengitter stü...
Kranz zwei- o...
schneiden. • l...
dem Salz und...
schaumig rüh...
das Mark der...
Kranz damit f...
der Buttercre...
Tülle füllen. l...
Krokant garn...
drücken. • Zu...
den Kranz sp...
sche garniere...)

Honigkuchen gefüllt

Für den Teig:
500 g Honig · 100 g Butter · 100 g Schweine-
schmalz oder Margarine · 250 g Farinzucker
(Rohzucker) · 1 kräftige Prise Salz · 650 g Mehl ·
1½ Päckchen Backpulver · 5 Eßl. Kakao ·
1 gestrichener Eßl. Zimt · 1 Teel. Nelkenpfeffer ·
1 Eßl. gestoßener Anis · 1 Teel. Ingwerpulver ·
½ Teel. Kardamom · abgeriebene Schale von
2 Zitronen · 2 Eier · 200 g geschälte gehackte
Mandeln · Mehl zum Ausrollen
Butter für das Backblech
Für die Füllung:
1 Glas Aprikosenmarmelade · 100 g Zucker
100 g gewürfeltes Zitronat ·
200 g geschälte gehackte Mandeln ·
je 75 g Sultaninen und Korinthen
Für die Glasur:
125 g Puderzucker · 60 g bittere geriebene
Schokolade · 60 g Kokosfett

- Zubereitungszeit: 1 Stunde und 20 Minuten.
- Backzeit: 1 Stunde.

<u>So wird's gemacht:</u> Den Honig mit der Butter, dem Schweineschmalz (oder der Margarine), dem Farinzucker und dem Salz in einem Topf unter Rühren erhitzen. Abgekühlt in die Back- schüssel geben. • Das Mehl mit dem Backpulver und dem Kakao gut vermischen. Zimt, Nelken- pfeffer, Anis, Ingwerpulver, Kardamom und Zi- tronenschale dazugeben. Diese Mehlmischung nach und nach in die Honigmasse rühren. • Die Eier hineingeben und die gehackten Mandeln unterziehen. Den Teig kräftig durchkneten. • Den Teig halbieren. Beide Hälften auf der be- mehlten Arbeitsfläche backblechgroß ausrol- len. • Das Backblech mit Butter einfetten und ei- ne Teigplatte darauflegen. • Den Backofen vor- heizen: Elektroherd auf 180°, Gasherd auf Stu- fe 2. • Für die Füllung die Aprikosenmarmelade

in einer Schüssel mit dem Zucker verrühren. Das Zitronat, die Mandeln, die Sultaninen und die Korinthen (beides gewaschen und abgetropft) hineinmischen. Die Füllung auf dem Teig vertei- len. Glattstreichen. Mit der zweiten Teighälfte belegen und leicht andrücken. • Das Blech in den Backofen auf die mittlere Leiste schieben. Den Teig 15 Minuten backen. Dann mit Alufolie abdecken und die Hitze reduzieren: Elektroherd auf 160°, Gasherd auf Stufe 1. Weitere 45 Minu- ten backen. • Das Backblech aus dem Ofen neh- men. Den Kuchen darauf auskühlen lassen. • Für die Glasur den gesiebten Puderzucker und die geriebene Schokolade in einer Schüssel mi- schen. Das Kokosfett in einem Topf zerlassen und zu den übrigen Zutaten geben. Glattrühren und damit den Honigkuchen bestreichen. Die Glasur kalt werden lassen. • Den Kuchen in be- liebig große Rechtecke schneiden.

Der Tip von damals
»Man mische in den fertigen Teig 15 g in Wasser aufgelöste Pottasche und lasse den Teig zwei Tage ruhen. Dann wird er weiter verarbeitet.«

Mein Tip Der Honigkuchen schmeckt mit Pottasche, anstelle von Backpulver, sehr gut, ist schön locker und läßt sich vorzüglich aufbewahren. Am besten in kleinen Schnitten, luftdicht verpackt.

Natürlich kannte schon Henriette Davidis die Biskuit- ▷ rolle. Seit damals haben begabte Bäckerinnen immer wieder neue Variationen kreiert. Die feine Ingwer- Biskuitrolle ist ein Beispiel dafür. (Rezept Seite 31)

Glumsfladen aus Ostpreußen

Was die Ostpreußen Glums nennen, ist in anderen Gegenden Quark oder Topfen. Und den wußten die Großmütter in Pillau und Königsberg sehr geschickt für einen vorzüglichen Kuchen vom Blech zu verwenden. Nämlich für den Glumsfladen.

Für den Teig:
500 g Mehl · 50 g Hefe · 150 g Zucker ·
⅛ l lauwarme Milch · 2 Eier · 1 Prise Salz ·
150 g Butter
Für die Füllung:
1 kg Sahnequark (Glumse) · 50 g Zucker ·
1 Vanilleschote · 1 Prise Salz ·
abgeriebene Schale und Saft von 1 Zitrone ·
50 g Grieß · 150 g Rosinen
Butter für das Backblech · Mehl zum Ausrollen
Zum Belegen und Bestreuen:
50 g Butter · 3 Eßl. Zucker

- Zubereitungszeit: 1 Stunde.
- Ruhezeit: 50 Minuten.
- Backzeit: 40 Minuten.

So wird's gemacht: Das Mehl in eine Schüssel geben. In die Mitte eine Mulde drücken. Die Hefe hineinbröckeln und mit 2 Teelöffeln Zucker bestreuen. Mit etwas Milch und etwas Mehl vom Rand zu einem Vorteig verrühren. Mit wenig Mehl bestäuben und zugedeckt an einem warmen Ort 15 Minuten aufgehen lassen. • Den restlichen Zucker, die übrige lauwarme Milch, die aufgeschlagenen Eier und die Prise Salz auf den Vorteig geben. Die Butter in Flöckchen auf dem Mehlrand verteilen. Die Zutaten mit dem Vorteig verrühren. Dann die Butter einmischen und von außen nach innen einen Hefeteig arbeiten. So lange kneten und schlagen, bis er trocken ist und sich von der Schüssel löst. Wieder zugedeckt an einem warmen Ort 20 Minuten gehen lassen. • Den Sahnequark mit dem Zucker, dem Mark der Vanilleschote, der Prise Salz, der abgeriebenen Zitronenschale, dem Zitronensaft und dem Grieß in einer Schüssel gut miteinander verrühren. • Die Rosinen in heißem Wasser waschen und in den Quark mischen. • Das Backblech mit Butter einfetten. Die Hälfte des gegangenen Teiges darauf ausrollen. Die Quarkfüllung darauf verteilen. • Die andere Teighälfte auf der bemehlten Arbeitsfläche backblechgroß ausrollen. Vorsichtig auf die Quarkschicht geben. • Den Teig mit Butterflöckchen belegen und mit dem Zucker bestreuen. Noch 15 Minuten aufgehen lassen. • Den Backofen vorheizen: Elektroherd auf 200°, Gasherd auf Stufe 3. • Das Backblech auf die mittlere Schiene in den Ofen schieben und den Teig 40 Minuten backen. • Den Kuchen aus dem Ofen nehmen und auskühlen lassen.

> **Mein Tip** Ich würze den Quark gelegentlich mit Zimt statt mit Zitronensaft, gebe aber die abgeriebene Zitronenschale in die Mischung. Und zum Schluß kommen Zucker und Zimt auf die Butterflöckchen.

◁ Die Wiener Kirschtorte ist ein besonderer Kuchen für festliche Gelegenheiten. Ein Mürbeteig wird vorgebacken und dann mit Biskuitteig und Kirschen gefüllt. (Rezept Seite 8)

Oma Lines Leipziger Stollen

Über die Beschaffenheit von Stollen hatten die Großmütter Sachsens so manche vorweihnachtliche Diskussion. Da erhob sich die Frage, ob er hoch oder flach, mit oder ohne Rindertalg, mit Schweineschmalz oder ausschließlich mit Butter gebacken am besten schmeckt. Und in jeder Familie kristallisierte sich dann ein »Original«-Rezept heraus. Das folgende stammt aus Oma Lines handgeschriebenem Rezeptbuch, das sie 1890 begonnen hatte, als sie eben verheiratet war. Ihre Randbemerkung: Die Stolle bleibt beim Backen flach. – Und so ist es auch.

Für den Teig:
250 g Rindertalg · 250 g Schweineschmalz ·
250 g Butter · 1250 g Mehl · 3 Päckchen Hefe
(etwa 100 g) · 2 Teel. Zucker · knapp ¼ l lau-
warme Milch · 100 g Zucker · 1 Vanilleschote ·
1 Päckchen Vanillinzucker · Saft und abgeriebene
Schale von 1 Zitrone · 200 g geschälte Mandeln,
die Hälfte fein gehackt, die Hälfte gemahlen ·
1 kräftige Prise Salz · Mehl zum Bearbeiten und
Ausrollen · 250 g Rosinen · 150 g gewürfeltes
Zitronat
Zum Bestreichen und Bestreuen:
375 g Butter · 3 Päckchen Vanillinzucker ·
3 Eßlöffel Puderzucker

- Zubereitungszeit: 1 Stunde.
- Ruhezeit: Gut 3 Stunden.
- Backzeit: 1 Stunde für jeden Stollen.

So wird's gemacht: Alle Zutaten vorbereiten beziehungsweise abwiegen und zwei Stunden in der Küche warm stellen. • Den Rindertalg, das Schweineschmalz und die Butter gemeinsam in einem Topf zerlassen. • Das Mehl in eine große Schüssel geben. In die Mitte eine Mulde drücken. Die Hefe in die Mulde bröckeln und mit 2 Teelöffeln Zucker bestreuen. Mit der Hälfte der Milch begießen und mit etwas Mehl zu einem Vorteig verrühren. • Die Schüssel mit einem Küchentuch abdecken und den Teig an einem warmen Ort 20 Minuten aufgehen lassen. • Die restliche Milch und das abgekühlte, leicht erstarrte Fett mit dem Zucker, dem Mark der Vanilleschote, dem Vanillinzucker, der abgeriebenen Zitronenschale und dem Zitronensaft, den Mandeln und dem Salz dazugeben. Zuerst mit einem Löffel verrühren. Dann nach und nach von außen nach innen das Mehl hineinkneten. Den Teig kneten, bis er trocken ist. Eventuell noch etwas Mehl dazugeben. • Den Teig in drei Teile teilen. Die Arbeitsfläche mit Mehl bestäuben. Jedes Drittel noch einmal kräftig durchkneten und ein paarmal auf die Arbeitsfläche schlagen, so daß der Teig locker wird. • Die Teigstücke übereinander in die Schüssel legen. Die Schüssel mit dem Küchentuch abdecken. Den Teig noch einmal 15 Minuten gehen lassen. • Inzwischen die Rosinen in heißem Wasser waschen, gut abtrocknen und offen liegen lassen. • Den gegangenen Teig wieder durchkneten, so daß ein Stück entsteht. Dabei die Rosinen und das gewürfelte Zitronat einarbeiten. • Den Teig wieder in drei Teile teilen. • Auf einer bemehlten Arbeitsfläche ein Teil nach dem anderen zu einem dicken Oval ausrollen. Mit dem Nudelholz der Länge nach eindrücken. Die langen Seiten übereinander schlagen. An der Nahtstelle festdrücken. • Drei Backbleche mit großen Alufolienstücken auslegen. Die geformten Stollen darauflegen. Die Alufolie rundherum hochfalten, damit die Stollen nicht unnötig breit auseinandergehen können. • Alle Stollen zugedeckt aufgehen lassen. Zwei an einem nicht zu warmen Ort. • Den ersten Stollen nach 30 Minuten Aufgehzeit backen. Dazu den Backofen vorheizen: Elektroherd auf 200°, Gasherd auf Stufe 3. • Das Backblech auf die mittlere Schiene des Ofens schieben. Den Stollen etwa 60 Minuten backen. Die anderen Stollen nacheinander backen. • Sobald ein Stollen fertig ist, streicht man mit dem Pinsel 125 g Butter in die Oberfläche. 1 Päckchen Vanillinzucker mit 1 Eßlöffel Zucker mischen und den Stollen damit bestreuen. • Wenn alle Stollen bestrichen und abgekühlt sind, bestäubt man sie dick mit Puderzucker. • Die Stollen am besten über Nacht auskühlen lassen. Dann in dicke Alufolie (Gefrierfolie) verpacken und kühl aufbewahren.

> **Mein Tip** Viele können Rindertalg und Schmalz nicht so gut vertragen. In diesem Fall verwende ich je 250 g Margarine, Kokosfett und Butter.

Zwetschgendatschi

Für den Teig:
500 g Mehl · 40 g Hefe · 150 g Zucker ·
knapp ¼ l lauwarme Milch · 2 Eier · 1 Prise Salz ·
100 g Butter
Butter für das Backblech
Für den Belag:
1½ kg Zwetschgen · 100 g Zucker · 1 Eßl. Zimt

- Zubereitungszeit: 1 Stunde und 10 Minuten.
- Ruhezeit: 1 Stunde.
- Backzeit: 30 Minuten.

So wird's gemacht: Das Mehl in eine Schüssel geben. In die Mitte eine Mulde drücken. Die Hefe hineinbröckeln. Mit 2 Teelöffeln Zucker bestreuen und mit etwas lauwarmer Milch und etwas Mehl zum Vorteig verrühren. Die Schüssel mit einem Küchentuch bedecken und den Teig an einem warmen Ort 15 Minuten aufgehen lassen. • Den übrigen Zucker und die übrige Milch zum Vorteig rühren. Dazu die beiden aufgeschlagenen Eier und das Salz. Die Butter in Flöckchen

aufs Mehl geben. Die Zutaten in der Mulde miteinander verrühren und von außen nach innen einen Hefeteig kneten. So lange schlagen, bis er trocken ist und sich von der Schüssel löst. • Den Teig zugedeckt an einem warmen Ort weitere 30 Minuten aufgehen lassen. • Das Backblech mit Butter einfetten. Den Teig darauf ausrollen und mit einer Schiene aus Alufolie abgrenzen, damit der Zwetschgensaft nachher nicht herunterlaufen kann. • Die Zwetschgen waschen, gut abtrocknen, durchschneiden und entsteinen. Den Teig schuppenähnlich mit den Zwetschgen belegen. Mit 50 g Zucker bestreuen und nochmal zugedeckt 15 Minuten aufgehen lassen. • Den Backofen vorheizen: Elektroherd auf 220°, Gasherd auf Stufe 4. • Das Blech auf die mittlere Schiene in den Ofen schieben und den Teig 30 Minuten backen. • Den restlichen Zucker und den Zimt miteinander mischen. Den fertigen Kuchen damit bestreuen und auskühlen lassen.

> **Mein Tip** Für ganz besondere Anlässe mische ich 100 g Zucker mit Zimt und 150 g geschälten feingehackten oder gemahlenen Mandeln und bestreue damit den Kuchen etwa 10 Minuten vor Ende der Backzeit.

Bernerischer Zuckerbrodkuchen

»Zu einem viertel Pfund zerstossenen Zucker nimm drey grosse Eyer, schwinge solche wohl, dann nimm fein gehakten Citronen, einer Baumnuß groß zerlassenen frischen Anken und ein wenig Semmelmehl, mische alles durcheinander, bestreiche die Taternpfanne mit frischem Anken wohl an, thut obigen Teig darain, überstreue ihn mit reinem Zucker, und backe solchen.« Aus: Neu-Vermehrtes Bernerisches Koch-Buch von 1791. – Anken, das ist schweizerisch und bedeutet Butter. Und die Taternpfanne war eine Art Tortenblech, auf dem man Kuchen backte. Im Grund hat sich bis heute daran nichts geändert. Nur die Art, Bernerischen Zuckerbrodkuchen zu backen, wurde modernisiert. Zuckerkuchen wird heute mit Mehl gebacken.

Für den Teig:
8 Eier · 250 g Zucker · abgeriebene Schale von
1 Zitrone · 1 Prise Salz · 100 g Butter ·
180 g Mehl · Butter für das Backblech
Zum Bestreuen:
5 Eßl. Zucker · 1 Vanilleschote oder 1 Päckchen
Vanillinzucker · 50 g geschälte gemahlene
Mandeln

- Zubereitungszeit: 50 Minuten.
- Backzeit: 20 Minuten.

<u>So wird's gemacht:</u> Die Eier in einen breiten Topf aufschlagen und mit dem Schneebesen verquirlen. Bei schwacher Hitze schlagen und dabei nach und nach den Zucker einrieseln lassen. Die abgeriebene Zitronenschale und das Salz dazugeben. So lange schlagen, bis die Eiermasse dick und cremig ist. Dann den Topf vom Herd nehmen. • Die Eiermasse mit dem Schneebesen kalt schlagen. • In der Zwischenzeit die Butter schmelzen und wieder abkühlen, aber nicht starr werden lassen. Die Butter und das Mehl abwechselnd in den Eischaum rühren. • Den Backofen vorheizen: Elektroherd auf 180°, Gasherd auf Stufe 2. • Das Backblech mit Alufolie auslegen, am Ende eine Schiene falten, damit der Teig nicht herunterlaufen kann (siehe Zeichnung). Die Alufolie mit Butter einfetten. Den Teig darauf verteilen und glattstreichen. • Das Backblech in den Ofen auf die mittlere Schiene schieben. Den Teig 20 Minuten backen. Er soll so hell sein

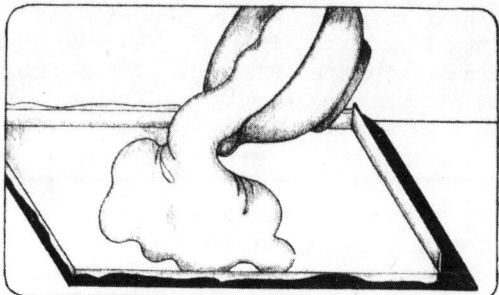

Damit der Teig nicht vom Blech läuft, eine Leiste aus Pergamentpapier oder Alufolie falten.

wie ein Biskuit. • Das Blech aus dem Ofen nehmen. Den Kuchen auf ein Kuchengitter stürzen und die Alufolie abziehen. • Den Zucker mit dem Mark der Vanilleschote oder dem Vanillinzucker und den fein gemahlenen Mandeln mischen. Den Kuchen sofort damit bestreuen und dann auskühlen lassen.

Mein Tip Sehr lecker schmeckt es, wenn Sie 180 g Semmelbrösel statt Mehl verwenden, wie es im alten Rezept angegeben ist. Die Zubereitung bleibt gleich.

Tante Elisabeths Butterkuchen

Damals, so um die Jahrhundertwende, lernte Tante Elisabeth Kuchen backen. Und sie lernte es perfekt. Der beste Beweis war ihr sagenhafter Butterkuchen von herrlichem Duft. Zuckrig und voller Butterlöcher. Denn frisch geschlagene Butter wurde in Flöckchen auf dem Teig verteilt. Und wo es die meisten Flöckchen gab, da schmeckte später der Kuchen am besten.

Für den Teig:
500 g Mehl · 40 g Hefe · 1 Teel. Zucker ·
¼ l lauwarme Milch · 1 Prise Salz · 75 g Zucker ·
100 g Butter · 1 Ei · abgeriebene Schale von
1 Zitrone · Butter für das Backblech
Für den Belag:
100 g Butter · 100 g Zucker

- Zubereitungszeit: 25 Minuten.
- Ruhezeit: 40 Minuten.
- Backzeit: 20 Minuten.

So wird's gemacht: Das Mehl in eine Schüssel geben. In die Mitte eine Mulde drücken. Die Hefe hineinbröckeln. Den Teelöffel Zucker darauf verteilen. Die Hälfte der lauwarmen Milch dazugießen. Mit etwas Mehl vom Rand einen kleinen Vorteig rühren. Mit wenig Mehl bestäuben und zugedeckt an einem warmen Ort aufgehen lassen. Das dauert etwa 15 Minuten. • Die restliche Milch auf den Vorteig gießen. Die Prise Salz und den Zucker dazugeben. Die Butter in Flöckchen auf dem Rand verteilen. Das Ei und die abgeriebene Zitronenschale in die Mitte geben. Von außen nach innen einen geschmeidigen Teig arbeiten. Zunächst rühren, dann kneten. • Je nach Mehlbeschaffenheit kann der Teig auch feucht sein, so daß Sie ihn rühren müssen. Das macht nichts, denn man kann ihn ja aufs Blech streichen. • Den Teig gut schlagen, bis er Blasen wirft (oder trocken kneten). Dann aufs eingefet-

Der Tip von damals

Man nehme zusätzlich 1 Eßlöffel gemahlenen Zimt und 150 g blättrige Mandeln. Den Zimt mische man mit dem Zucker und streue dieses auf den Butterkuchen, auf dem schon die Butterflöckchen verteilt sind. Dann streue man die blättrigen Mandeln darüber und backe den Kuchen im heißen Rohr.

tete Blech verteilen, ausrollen oder daraufstreichen. • Den Teig mit einem sauberen Küchentuch abdecken und das Backblech an einen warmen Ort stellen. 25 Minuten gehen lassen. • Den Backofen vorheizen: Elektroherd auf 220°, Gasherd auf Stufe 4. • Die Butter für den Belag in groben Flocken auf dem Teig verteilen. Den Teig ganz mit dem Zucker bestreuen. Das Blech auf die mittlere Schiene in den Backofen schieben. Den Teig 20 Minuten backen. • Den fertigen Butterkuchen aus dem Ofen nehmen. Auf dem Blech oder auf einem rechteckigen Kuchengitter auskühlen lassen. • Den köstlichen Butterkuchen am Backtag verzehren.

Dresdner Eierschecke

Mit dem Guß auf Kuchen haben es die Thüringer und Sachsen genauso wie die Elsässer. Er besteht aus Milch, Butter, Mehl – und vor allem Eiern. Anna aus Dresden erzählte mir, daß ihre Großmutter immer eine vorzügliche Eierschecke backte, deren Rezept in der Familie gehütet wurde. Mir hat sie es verraten. Der Clou dieser Eierschecke: Der Teigboden darf nur ganz dünn sein, damit der Guß besonders stark vorschmeckt.

Für den Teig:
250 g Mehl · 20 g Hefe · 1 Teel. Zucker · knapp
⅛ l lauwarme Milch · 50 g Zucker · 1 Prise Salz ·
1 Ei · 50 g Butter · Butter für das Backblech
Für den Belag:
50 g Butter · 80 g geschälte gehackte Mandeln ·
125 g Rosinen
Für den Guß:
60 g Mehl · ½ l Milch · 1 Prise Salz · 50 g Butter ·
3 Eigelbe · 50 g Zucker · 1 Päckchen Vanillin-
zucker · 3 Eiweiße

- Zubereitungszeit: 1 Stunde und 20 Minuten.
- Ruhezeit: 45 Minuten.
- Backzeit: 25 Minuten.

So wird's gemacht: Das Mehl in eine Schüssel geben. In die Mitte eine Mulde drücken. Die Hefe hineinbröckeln. Den Teelöffel Zucker daraufstreuen. Mit etwas lauwarmer Milch zu einem Vorteig verrühren. Wenig Mehl vom Rand darüberstreuen. Zudecken und an einem warmen Ort 20 Minuten gehen lassen. • Die restliche lauwarme Milch, den Zucker, die Prise Salz und das Ei auf den Vorteig geben. Die Butter auf dem Mehlrand verteilen. • Die Zutaten in der Mulde zuerst verrühren. Dann von außen nach innen einen Teig kneten und schlagen, bis er blank ist. Das Backblech mit Butter einpinseln. Den Teig darauf dünn ausrollen. Zugedeckt an einem warmen Ort 25 Minuten gehen lassen. Er muß doppelt so hoch werden. • Für den Belag die Butter schmelzen, leicht abkühlen lassen und mit einem Pinsel auf den Teig streichen. Die gehackten Mandeln und die Rosinen darauf verteilen. • Für den Guß das Mehl mit etwas kalter Milch verrühren. Die restliche Milch mit der Butter und der Prise Salz aufkochen. Das angerührte Mehl hineingeben und unter Rühren aufkochen. Abkühlen lassen. • Den Backofen vorheizen: Elektroherd auf 200°, Gasherd auf Stufe 3. • Dann die Eigelbe mit dem Zucker und dem Vanillinzucker schaumig rühren und in die gebundene Milch rühren. • Die Eiweiße zu sehr steifem Schnee schlagen und unterheben. Den Guß auf

> **Mein Tip** Die Eierschecke schmeckt auch gut, wenn Sie für den Belag 100 g Rosinen und 50 g Korinthen verwenden. Und wenn ich meinen großzügigen Tag habe, streue ich noch 100 g gehackte Mandeln drauf.

dem Teig verteilen. • Das Backblech in den Ofen auf die mittlere Schiene schieben. Den Teig 25 Minuten backen. • Die Eierschecke noch warm in Stücke schneiden, die man auf dem Kuchengitter auskühlen läßt.

Schlesischer Streuselkuchen
Bild Seite 27

Für den Teig:
500 g Mehl · 40 g Hefe · 75 g Zucker · knapp ¼ l lauwarme Milch · 1 kräftige Prise Salz · abgeriebene Schale von 1 Zitrone · 100 g Butter
Für die Streusel:
250 g ganz frische Butter · 160 g Zucker · 1 Teel. Zimt · abgeriebene Schale von ½ Zitrone · 60 g geschälte gemahlene Mandeln · 300 g Mehl oder etwas mehr
Butter für das Backblech

- Zubereitungszeit: 45 Minuten.
- Ruhezeit: 1 Stunde.
- Backzeit: 25–30 Minuten.

So wird's gemacht: Das Mehl in eine Schüssel geben. In die Mitte eine Mulde drücken. Die Hefe hineinbröckeln und mit 2 Teelöffeln Zucker bestreuen. Mit wenig lauwarmer Milch zu einem Vorteig verrühren. Mit etwas Mehl bestäuben und die Schüssel zugedeckt an einen warmen Ort stellen. Den Vorteig 15 Minuten aufgehen lassen. • Auf den Vorteig den restlichen Zucker, die restliche Milch, die kräftige Prise Salz und die abgeriebene Zitronenschale geben. Die Butter in Flöckchen auf dem Mehlrand verteilen. • Die Butter mit etwas Mehl unterheben und von außen nach innen einen Teig zubereiten. So lange kneten, bis er trocken ist und sich von der Schüssel löst. • Den Teig zugedeckt nochmal 30 Minuten an einem warmen Ort aufgehen lassen. • Für die Streusel die Butter zerlassen und abschäumen. Etwas Butter zum Bestreichen und Beträufeln zurücklassen. • Die restliche Butter in einer Schüssel mit 125 g Zucker, dem Zimt und der geriebenen Zitronenschale verrühren. Die gemahlenen Mandeln dazugeben. Dann das Mehl einarbeiten und so viel zugeben, daß sich die Masse zwischen den Händen zu großen trockenen Klümpchen ballt. • Den Hefeteig auf dem eingefetteten Backblech ausrollen und mit etwas zerlassener Butter bestreichen. Die Streusel darauf gleichmäßig verteilen. Einen Pinsel in die restliche Butter tauchen und reichlich Butter auf die Streusel tropfen lassen. Mit dem restlichen Zucker bestreuen. Den Teig noch einmal 15 Minuten gehen lassen. • Den Backofen vorheizen: Elektroherd auf 220°, Gasherd auf Stufe 4. Das Blech auf die mittlere Schiene schieben. Den Teig 25–30 Minuten backen. • Den Kuchen aus dem Ofen nehmen und auskühlen lassen.

Jungfer Rosies Bienenstich

Sie war der gute Küchengeist im Haus von Onkel Alois und Tante Vreni. Und nicht nur in der Küche lief sie mit Trippelschrittchen herum und hatte, da sie immer in Eile war, glänzend rote Bäckchen. Eigentlich machte sie alles im Galopp. Kein Wunder, daß sie eine zarte schlanke Person war. Sie ist unverheiratet geblieben. Was sie – den Aussagen der Leute zufolge – nie bereut hat. Kochen und Backen waren ihr wichtiger. Und besonders ihr Bienenstich wurde hochgelobt. Mit Recht, wie Sie feststellen werden.

Für den Teig:
500 g Mehl · 40 g Hefe · 1 Teel. Zucker · knapp
¼ l lauwarme Milch · 80 g Zucker · 1 Prise Salz ·

1 Ei · 180 g Butter
Butter für das Backblech
Für den Belag:
150 g Butter · 200 g Zucker · 1 Päckchen Vanillinzucker · 2 Eßl. Milch · 2 Eßl. Zitronensaft ·
150 g Mandelblättchen
Für die Füllung:
½ l Milch · 1 Päckchen Vanillepuddingpulver ·
1 Prise Salz · 4 Eßl. Zucker · 1 Vanilleschote ·
150 g Butter

● Zubereitungszeit: 1 Stunde und 30 Minuten.
● Ruhezeit: 35 Minuten.
● Backzeit: 25–35 Minuten.

So wird's gemacht: Das Mehl in die Backschüssel geben. In die Mitte eine Mulde drücken und die Hefe hineinbröckeln. Den Teelöffel Zucker daraufstreuen. Die Hälfte der Milch darübergießen. Mit etwas Mehl vom Rand zum Vorteig rühren. Mit wenig Mehl bestäuben. Die Schüssel mit einem sauberen Küchentuch bedecken. Den Teig an einem warmen Ort 15 Minuten aufgehen lassen. • Die restliche lauwarme Milch auf den Vorteig gießen, dann den Zucker, die Prise Salz und das Ei daraufgeben. Die Butter in Flöckchen auf dem Mehlrand verteilen. Erst die Zutaten in der Mulde miteinander verrühren. Dann von außen nach innen einen Teig arbeiten. Kräftig kneten und schlagen, bis er blank ist. • Das Backblech mit der Butter einfetten. • Den Teig auf dem Backblech ausrollen. Zudecken und 20 Minuten an einem warmen Ort gehen lassen. • Den Backofen vorheizen: Elektroherd auf 200°, Gasherd auf Stufe 3. • Für den Belag die Butter und den Zucker mit dem Vanillinzucker, der Milch und dem Zitronensaft in einen Topf geben. Erhitzen und dann die Mandelblättchen hineinrühren. Die Mandelmasse etwas abkühlen lassen. Dann auf den aufgegangenen Teig gleichmäßig verteilen. • Das Backblech in den vorgeheizten Ofen auf die mittlere Schiene schieben. Den Teig 25–35 Minuten backen. Auf dem Kuchengitter auskühlen lassen. • Für die Füllung einen Vanillepudding kochen. Dazu etwas Milch in eine Tasse geben und das Puddingpulver darin glattrühren. Die übrige Milch mit dem Salz, dem Zucker und dem Mark der Vanilleschote in einem Topf aufkochen. Den Topf vom Herd nehmen. Das angerührte Puddingpulver einrühren. Den Topf wieder auf den Herd stellen. Pudding aufkochen. Dann nochmal vom Herd nehmen und unter gelegentlichem Rühren fast abkühlen lassen. • In der Zwischenzeit die Butter in einer Schüssel schaumig rühren. Den Pudding nun eßlöffelweise darunterrühren. • Die Buttercreme im Kühlschrank zugedeckt kalt stellen. • Den kalten Kuchen zuerst in 5–6 Streifen und dann in Stücke schneiden. Die Stücke quer durchschneiden und mit der Buttercreme füllen.

Der Tip von damals

Man nehme gelegentlich Mandelstifte. Aber 200 g, weil sie sich nicht so gut verteilen, wie die in Blättchen geschnittenen Mandeln.

Böhmischer Striezel

Sicher gibt es Unterschiede in der österreichischen, ungarischen und böhmischen Küche. Aber in einem sind sie sich gleich: in ihren großartigen Mehlspeisen. Auch Kuchen gehören dazu. Sehr zum Erstaunen vieler Leute aus dem Norden, die in Mehlspeisen allenfalls Knödel sehen würden. Der Böhmische Striezel – uralter Herkunft – ist dem Stollen ähnlich, was die reichen Zutaten angeht. Er hat allerdings weniger Fett, wird geflochten und nach dem Backen mit Zuckerguß überzogen.

Für den Teig:
400 g Mehl · 40 g Hefe · 1 Teel. Zucker · knapp
⅛ l lauwarme Milch · 1 Ei · 60 g Zucker ·
1 Prise Salz · 1 Vanilleschote · 80 g geschälte
gemahlene Mandeln · 100 g Butter ·
100 g Schweineschmalz · 80 g Sultaninen ·
80 g feingewürfeltes Zitronat ·
Mehl zum Ausrollen · Butter für das Backblech ·
40 g Butter zum Bestreichen
Für den Guß:
100 g Puderzucker · 1 Eßl. Zitronensaft
Zum Bestreuen:
40 g Mandelblättchen

- Zubereitungszeit: 1 Stunde und 20 Minuten.
- Ruhezeit: 1 Stunde.
- Backzeit: 50–60 Minuten.

So wird's gemacht: Das Mehl in eine Schüssel geben. In die Mitte eine Mulde drücken. Die Hefe hineinbröckeln. Den Teelöffel Zucker darüberstreuen. Etwas lauwarme Milch zugießen und einen Vorteig rühren. Mit wenig Mehl vom Rand bestäuben. Die Schüssel mit einem Tuch bedecken. Den Vorteig an einem warmen Ort 15 Minuten aufgehen lassen. • Die restliche lauwarme Milch, das Ei, den Zucker, das Salz, das Mark der Vanilleschote und die gemahlenen Mandeln auf den Vorteig geben. Die Butter und das Schweineschmalz auf dem Mehlrand verteilen. Von außen nach innen einen geschmeidigen, blanken Teig kneten. Mehrmals schlagen, damit er schön glatt wird. Die Schüssel zudecken, und den Teig noch einmal 15 Minuten gehen lassen. •

Der echte Schlesische Streuselkuchen gehört bestimmt ▷ zu den beliebtesten »einfachen« Blechkuchen. (Rezept Seite 24)

Inzwischen die Sultaninen waschen und abtrocknen. Mit dem feingewürfelten Zitronat in den Teig arbeiten. • Die Arbeitsfläche mit Mehl bestäuben. Den Teig in neun gleichmäßige Stükke teilen. Aus jedem eine Rolle formen. Vier, drei und zwei Rollen miteinander flechten. • Das Backblech mit der Butter einfetten. Die geflochtenen Teigrollen aufeinanderschichten. Zuerst den Vierer-, dann den Dreier-, dann den Zweierzopf. • Die Butter schmelzen. Etwas abkühlen lassen und den Teig damit bestreichen. Zugedeckt 30 Minuten aufgehen lassen. • Den Backofen vorheizen: Elektroherd auf 180°, Gasherd auf Stufe 2. • Das Backblech in den Ofen auf die mittlere Schiene schieben. Den Teig 50–60 Minuten backen. • Den fertigen Striezel aus dem Ofen nehmen und auf dem Blech oder auf dem Kuchengitter abkühlen lassen. • Für den Guß den Puderzucker sieben. In einer Schüssel mit dem Zitronensaft verrühren. Falls er zu dickflüssig ist, etwas heißes Wasser dazugeben. Den Striezel damit bestreichen, mit den Mandelblättchen bestreuen und trocknen lassen.

Mein Tip Anstelle von Schweineschmalz verwende ich zuweilen eine Mischung aus Schweine- und Gänseschmalz. Das Gänsefett gibt dem Striezel einen spezifisch feinen Geschmack und macht ihn noch zarter.

◁ Mit Hilfe dieser Bilder gelingt er leicht, der gerollte Tiroler Festtagskuchen (Rezept Seite 35), den Sie bald probieren sollten.

Thüringer Mohnkuchen

Ich habe aus alten Kochbüchern so manchen Mohnkuchen nachgebacken. Gute Kuchen, zugegeben. Aber den besten Mohnkuchen hat Margots Großmutter gebacken, wenn sie gelegentlich aus Thüringen hier zu Besuch war. Und das Rezept dazu hat sie mir verraten.

Für den Teig:
175 g Mehl · 1 Messerspitze Backpulver · 65 g Zucker · 1 Prise Salz · abgeriebene Schale von 1 Zitrone · 100 g Butter
Für die Füllung:
4 Eier · 2 Eßl. heißes Wasser · Saft von ½ Zitrone · 150 g Zucker · 1 Prise Salz · 50 g Speisestärke 150 g Mohn · 100 g geschälte gemahlene Mandeln Mehl zum Ausrollen · Butter für das Backblech
Für den Guß:
300 g Puderzucker · 2 Eßl. Zitronensaft · 1–2 Eßl. Wasser

- Zubereitungszeit: 1 Stunde.
- Kühlzeit: 30 Minuten.
- Backzeit: 40 Minuten.

So wird's gemacht: Das Mehl in eine Schüssel geben. Mit dem Backpulver mischen. In die Mitte eine Mulde drücken. Den Zucker, das Salz und die abgeriebene Zitronenschale hineingeben. Die Butter in Flöckchen auf dem Mehlrand verteilen. Von außen nach innen einen Teig kneten. Gut durcharbeiten. Den Teig zugedeckt 30 Minuten im Kühlschrank aufbewahren. • Den Backofen vorheizen: Elektroherd auf 180°, Gasherd auf Stufe 2. • Für die Füllung die Eier in Eigelbe und Eiweiße trennen. Die Eigelbe in einer Schüssel mit dem heißen Wasser, dem Zitronensaft, 100 g Zucker und der Prise Salz schaumig schlagen. • Die Eiweiße mit dem restlichen Zucker zu Schnee schlagen. • Den Eischnee auf die Eigelbmasse gleiten lassen. Die

Speisestärke darauf geben. Den Mohn und die gemahlenen Mandeln dazugeben und mischen. • Die Hälfte des Teiges auf der bemehlten Arbeitsfläche ausrollen. Auf die Hälfte des eingefetteten Backblechs legen. • 10 Minuten im Backofen auf der mittleren Schiene gelb backen. • Das Backblech aus dem Ofen nehmen. Den Boden leicht abkühlen lassen, dann mit der Mohnfüllung dick bestreichen. • Den restlichen Teig dünn auf Mehl ausrollen. Auf die Mohnmasse legen. Wieder in den Backofen auf die mittlere Schiene schieben. Weitere 30 Minuten bei gleicher Hitze backen. • Den Kuchen aus dem Ofen nehmen. • Für den Guß den gesiebten Puderzucker mit dem Zitronensaft und dem Wasser verrühren. Den heißen Kuchen damit bestreichen. Nach dem Erkalten in 20 Schnitten schneiden.

> **Mein Tip** Ich habe einige Freunde, die den Kuchen lieber essen, wenn der Mohn gemahlen ist. Sie sagen, daß die Körner sie stören. Vielleicht geht's Ihren Freunden auch so?

Maries herrlicher Zitronenkuchen

Marie ist meine Mutter. Und als wir Kinder waren, gab es bei uns Sonntag für Sonntag Kuchen. Daher auch meine frühe Liebe zur Backkunst. Ich durfte Kuchen rühren, sobald ich dazu fähig war. Und vor allem die Schüssel ausschlecken. Was ich natürlich mit Vorliebe tat. Kurz: Als wir drei Geschwister noch daheim waren, mußte sonntags ein Kuchen her. Am liebsten Zitronenkuchen. Er war eher knusprig als zart, meist kräftig braun gebacken und hatte einen Zuckerguß.

Für den Teig:
250 g Butter · 200 g Zucker · 1 Prise Salz ·
abgeriebene Schale von 1 Zitrone ·
1 Päckchen Vanillinzucker ·
4 Eier · 500 Mehl · 1 Päckchen Backpulver ·
gut ⅛ l Milch
Butter für das Backblech
Für den Zitronenguß:
knapp 250 g Puderzucker · 4 Eßl. Zitronensaft ·
1 Eßl. heißes Wasser

● Zubereitungszeit: 40 Minuten.
● Backzeit: 25 Minuten.

So wird's gemacht: Die Butter in der Backschüssel schaumig rühren. Nach und nach den Zucker unterrühren. Das Salz, die Zitronenschale, den Vanillinzucker und nacheinander die Eier dazugeben. Die Masse schaumig rühren. • Das Mehl mit dem Backpulver mischen. Portionsweise abwechselnd mit der Milch in die Schaummasse geben. Einen glatten Teig herstellen. • Den Backofen vorheizen: Elektroherd auf 200°, Gasherd auf Stufe 3. • Das Backblech mit Butter einfetten. Den Teig daraufgeben und glattstreichen. • Das Backblech auf die mittlere Leiste in den Backofen schieben. 25 Minuten backen. • Den Kuchen aus dem Ofen nehmen. • Für den Guß den Puderzucker sieben. In einer Schüssel mit dem Zitronensaft und dem heißen Wasser glattrühren, so daß er gut streichfähig, aber nicht flüssig ist. • Den noch heißen Kuchen damit bestreichen. Den Guß trocknen lassen. • Den Kuchen vor dem Servieren in Rauten schneiden.

> **Mein Tip** Der Kuchen schmeckt am besten, wenn Sie ihn heute backen und morgen essen. Als Sonntagskuchen sollten Sie ihn also samstags backen.

Für bunte Kuchenplatten

Zarte Nußecken

Zutaten für 24 Stück:
150 g Mehl · 1 Prise Salz · 70 g Zucker ·
1 Päckchen Vanillinzucker · 1 großes Ei ·
100 g Butter · Mehl zum Ausrollen
Für den Belag:
3 Eßl. Aprikosenkonfitüre · 100 g Butter ·
125 g Zucker · 1 Päckchen Vanillinzucker ·
2 Eßl. lauwarmes Wasser · 200 g Haselnüsse,
die Hälfte gemahlen, die Hälfte gehackt
Für die Glasur:
1 Packung halbbittere Kuvertüre (100 g)
oder 100 g halbbittere Blockschokolade

● Zubereitungszeit: 50 Minuten.
● Kühlzeit: 30 Minuten.
● Backzeit: 20–30 Minuten.

So wird's gemacht: Das Mehl in eine Schüssel geben. In die Mitte eine Mulde drücken. Das Salz, den Zucker, den Vanillinzucker und das Ei hineingeben. Die Butter in Flöckchen auf den Mehlrand verteilen. Von außen nach innen einen Teig kneten. Zugedeckt 30 Minuten im Kühlschrank kalt stellen. ● Den Backofen vorheizen: Elektroherd auf 190°, Gasherd auf Stufe 2–3. ● Den Teig auf der bemehlten Arbeitsfläche etwa 32 × 24 cm groß ausrollen. Auf das ungefettete Backblech legen. ● Für den Belag die Aprikosenkonfitüre glattrühren und den Teig damit bestrei-

> **Mein Tip** Wenn ich die Nußecken mal größer haben möchte, dann rolle ich den Teig etwas dünner zu einer Platte von 30 × 30 cm aus. Nach dem Backen schneide ich den Kuchen in 9 Quadrate von 10 × 10 cm, dann in 18 Dreiecke und glasiere sie.

chen. ● Die Butter mit dem Zucker und dem Vanillinzucker schaumig rühren. Das lauwarme Wasser dazugeben und die Haselnüsse einrühren. ● Diesen Belag auf die Konfitüre verteilen und glattstreichen. ● Das Backblech in den vorgeheizten Ofen auf die mittlere Schiene schieben. Den Teig 20–30 Minuten backen. ● Das Backblech aus dem Ofen nehmen. Den Kuchen zuerst in 12 Quadrate von 8 × 8 cm, dann quer in 24 Dreiecke schneiden. ● Die Kuvertüre oder die Blockschokolade im Wasserbad auflösen. Die Nußecken mit den Spitzen eintauchen und trocknen lassen.

Feine Ingwer-Biskuitrolle

Bild Seite 17

Klar, daß schon Henriette Davidis, noch heute bekannte Vorfahrin aller Kochbuchautoren, die Biskuitrolle kannte. Ihre Nachfolgerinnen, die die »ehrenvolle Aufgabe der Bearbeitung und weiteren Herausgabe« bekamen, verwalteten das Erbe mit aller Genauigkeit. Und dabei kamen so manch interessante Verbesserungen heraus. Eine Dame mit Namen Elsa Bier zum Beispiel ging von der einfachen Marmelade dazu über, das zarte Gebäck mit Sahne zu füllen. Eine Ingwer-Biskuitrolle fand ich im handgeschriebenen Rezeptbuch meiner Großtante Angelika.

Für den Teig:
4 Eigelbe · 4 Eßl. heißes Wasser · 100 g Zucker ·
1 Prise Salz · 1 Vanilleschote · 4 Eiweiße ·
100 g Mehl · 75 g Speisestärke · 1 Eßl. Kakao ·
1 gestrichener Teel. Backpulver
Butter für das Pergamentpapier
Für die Füllung:
½ l Sahne · 4 Ingwerpflaumen in Sirup
50 g Mandelblättchen · 1 Teel. Butter

- Zubereitungszeit: 60 Minuten.
- Backzeit: 10–15 Minuten.

So wird's gemacht: Die Eigelbe mit dem heißen Wasser schaumig rühren und dabei nach und nach den Zucker und das Salz zufügen. Zuletzt das Mark der Vanilleschote dazugeben. • Die Eiweiße zu sehr steifem Schnee schlagen und auf die Eigelbmasse gleiten lassen. • Das Mehl, die Speisestärke, den Kakao und das Backpulver miteinander mischen. Auf die Eiweißmasse geben und locker unterheben. • Den Backofen vorheizen: Elektroherd auf 200°, Gasherd auf Stufe 3. • Das Backblech mit Pergamentpapier auslegen, das mit Butter eingefettet wird. Den Teig darauf verteilen und glattstreichen. Das Papier vorne zu einer Schiene falten, damit der Teig nicht vom Backblech laufen kann. • Das Backblech in den vorgeheizten Ofen auf die mittlere Schiene schieben. Teig 10–15 Minuten backen. •

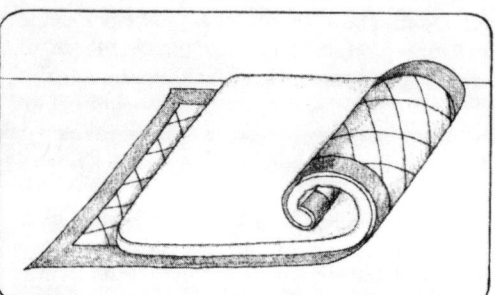

Den noch warmen Teig für die Biskuitrollen mit Hilfe eines Küchentuches aufrollen.

Während der Backzeit ein backblechgroßes Küchentuch ausbreiten und mit Zucker bestreuen. • Den fertigen Kuchen darauf stürzen. Das Pergamentpapier schnell mit kaltem Wasser bestreichen und dann abziehen. Mit Hilfe des Handtuchs den Boden zusammenrollen und auskühlen lassen (siehe Zeichnung). • Für die Füllung die Sahne sehr steif schlagen. Etwas Ing-

wersirup dazugeben. Die Ingwerpflaumen sehr fein würfeln und unter zwei Drittel der Sahne heben. • Die Mandelblättchen in der Butter in einer Pfanne goldgelb rösten. • Die Biskuitrolle wieder auseinanderrollen, mit der Ingwersahne füllen, aufrollen und mit der restlichen Sahne überziehen. Die Mandelblättchen darauf verteilen und leicht andrücken. • Bis zum Servieren im Kühlschrank kalt stellen.

Linzer Schnitten

Für den Teig:
300 g Mehl · 1 Prise Salz · abgeriebene Schale von 1 Zitrone · 125 g Zucker · 4 Eigelbe · 150 g Butter
Für die Füllung:
450 g feine Aprikosenkonfitüre · 2 Glas Rum (4 cl) · 200 g geschälte gemahlene Mandeln
Außerdem:
Mehl zum Ausrollen · 1 Ei · Zucker

- Zubereitungszeit: 1 Stunde.
- Kühlzeit: 30 Minuten.
- Backzeit: 35 Minuten.

So wird's gemacht: Das Mehl in eine Schüssel geben. In die Mitte eine Mulde drücken. Das Salz, die abgeriebene Zitronenschale, den Zucker und die Eigelbe hineingeben. Die Butter in Flöckchen auf dem Rand verteilen. Zuerst die Zutaten in der Mulde miteinander verrühren. Dann von außen nach innen einen Mürbeteig kneten. Zugedeckt 30 Minuten lang in den Kühlschrank stellen. • Für die Füllung die Aprikosenkonfitüre in einer Schüssel mit dem Rum glattrühren. Die gemahlenen Mandeln hineinmischen. • Zwei Drittel des Teiges aus dem Kühlschrank nehmen. Auf der bemehlten Arbeitsfläche zu einer ½ cm dicken Platte ausrollen. Auf das ungefettete Backblech legen. (Die Teigplatte ist kleiner als das Backblech.) Rundherum Leisten aus Alufolie legen, dann löst sich der Teig nach dem Backen besser vom Blech. Die Füllung darauf verteilen. • Den Backofen vorheizen: Elektroherd auf 220°, Gasherd auf Stufe 4. • Den restlichen Teig auf Mehl dünn ausrollen (etwa 2 mm). Mit dem Teigrädchen in 1½ cm breite Streifen schneiden und diese wie ein Gitter schräg und in gleichmäßigen Abständen auf die Füllung legen. • Das Ei in einer Tasse verquirlen. Die Teigstreifen damit bestreichen und dünn mit Zucker bestreuen. • Das Backblech in den Ofen auf die mittlere Schiene schieben. Den Teig 35 Minuten backen. • Den fertigen Kuchen aus dem Ofen nehmen. Den Kuchen in 3 cm breite, 6 cm lange Stücke schneiden. Auf dem Kuchengitter auskühlen lassen.

Cremeschnitten

Großmutter hatte es noch schwerer, wenn sie Cremeschnitten zubereiten wollte. Denn sie mußte den Blätterteig hierfür selbst herstellen. Und das war mühsam. Uns geht es besser. Wir nehmen Blätterteig aus der Tiefkühltruhe. Er ist vorzüglich und überaus empfehlenswert.

Für den Teig:
1 Packung Tiefkühlblätterteig
Mehl zum Ausrollen
Für den Guß:
125 g Puderzucker · 1 Päckchen Vanillinzucker ·
2 Eßl. heißes Wasser
Für die Vanillecreme:
¼ l Milch · 1 Vanilleschote · 1 Prise Salz ·
20 g Speisestärke · 4 Eigelbe · 50 g Zucker ·
5 Blatt weiße Gelatine · ⅛ l Sahne

- Zubereitungszeit: 40 Minuten.
- Ruhezeit: 45 Minuten.
- Backzeit: 15 Minuten.

So wird's gemacht: Den Blätterteig nach Vorschrift auftauen lassen. Die Platten auf Mehl ohne wesentlichen Druck in zwei etwa 8 cm breite lange Platten rollen. • Die Teigplatten auf ein mit kaltem Wasser abgespültes Backblech legen. Mehrmals mit einem Holzstäbchen einstechen. 15 Minuten auf dem Blech ruhen lassen. • Den Backofen vorheizen: Elektroherd auf 220°, Gasherd auf Stufe 4. • Das Backblech in den Ofen auf die mittlere Schiene schieben. Den Teig 15 Minuten backen. • Das Backblech aus dem Ofen nehmen. • Den Guß während der Backzeit aus gesiebtem Puderzucker, Vanillinzucker und heißem Wasser rühren. • Eine Gebäckplatte damit glatt bestreichen. Beide auskühlen lassen. • Für die Vanillecreme die Milch mit der aufgeschnittenen Vanilleschote und der Prise Salz unter Rühren aufkochen. • Die Speisestärke mit wenig kaltem Wasser anrühren. Den Topf vom Herd nehmen und die Speisestärke in die Milch mischen, aufkochen. Etwas Creme aus dem Topf nehmen, mit den Eigelben verquirlen und die Masse in den Topf rühren. • Die Creme leicht abkühlen lassen, die Vanilleschote entfernen. Die Gelatine einweichen, ausdrücken und in die Creme mischen. • Die Sahne steif schlagen und unter die Creme ziehen, sobald diese fest zu werden beginnt. • Wenn die Creme fast steif ist, wird sie dick auf den unglasierten Gebäckstreifen ge-

Mein Tip Vielleicht ist es einfacher für Sie, wenn Sie die Creme gut 2 cm dick und 8 cm breit auf Alufolie aufstreichen und erstarren lassen. Anschließend belegen Sie damit den unglasierten Teigstreifen, decken den glasierten drauf und schneiden dann die Cremeschnitten. Der Zeitaufwand ist der gleiche. Nur – manche finden dieses Verfahren einfacher. Bitte, probieren Sie es selbst aus.

strichen und mit dem glasierten Gebäckstreifen bedeckt. • Dann die Creme vollends festwerden lassen, und die Kuchen mit einem sehr scharfen Messer ohne Druck in 2 cm breite Stücke schneiden. Das Messer dabei immer wieder in kaltes Wasser tauchen.

Schmalz-Rosinenküchel

Marie Buchmeier war eine Köchin aus Landshut. Eine Herrschaftsköchin, genauer gesagt. Und noch genauer: Sie schrieb um die Jahrhundertwende ein Praktisches Koch-Buch für die bürgerliche und feine Küche, enthaltend 2076 Kochrezepte, die – wie der Titel sagt – in 50jähriger Erfahrung erprobt waren. Ihr Konterfei macht sie glaubwürdig: Ein bißchen achtunggebietend, ein bißchen wohlwollend und auf jeden Fall mollig und damit gemütlich wie alle Menschen, die ein paar Pfündchen zuviel mit sich herumtragen. Und von eben dieser Herrschaftsköchin stammen die Schmalz-Rosinenküchel.

Zutaten für 20 Rosinenküchel:
¼ l Wasser · 50 g Butter · 1 Prise Salz ·
150 g Mehl · 5 Eier · 150 g Rosinen
Zum Ausbacken:
1 kg Schmalz oder 1 l Öl

● Zubereitungszeit: 30 Minuten.
● Ausbackzeit: 10 Minuten für jede Portion.

So wird's gemacht: Das Wasser mit der Butter und dem Salz in einem Topf aufkochen. Den Topf vom Herd nehmen. Das Mehl auf einmal hineinschütten und unterrühren. Den Topf wieder auf den Herd stellen und die Masse unter Rühren erhitzen. So lange rühren, bis sich ein Mehlkloß bildet. Am Topfboden ist dann eine weiße Haut. (Diesen Vorgang nennt man Abbrennen, weshalb der Teig auch Brandteig heißt.)

Er hieß schon bei Marie Buchmeier so.) • Nun wieder den Topf vom Herd nehmen und das erste Ei in die Mehlmasse rühren. Leicht abkühlen lassen. Dann die übrigen Eier in den Teig rühren. Das letzte Ei nur dann, wenn der Teig noch nicht recht glänzen will. • Das Schmalz oder das Öl in einem Fritiertopf oder in der elektrischen Friteuse auf 180° erhitzen. (Es gibt Fritierthermometer zur Kontrolle.) • Die Rosinen waschen, gut trocknen und in den Teig mischen. • Von dem Teig mit einem Eßlöffel Portionen abstechen und sie vorsichtig ins heiße Fett gleiten lassen. Etwa fünf auf einmal, je nach Größe des Topfes. • Die Küchel rund 10 Minuten darin goldbraun werden lassen. Während der Backzeit gelegentlich umdrehen. • Die Küchel mit dem Schaumlöffel aus dem Fett heben und das Fett auf Haushaltspapier abtropfen lassen. Wer will, bestäubt die Küchel mit Puderzucker und läßt sie dann auf dem Kuchengitter auskühlen.

Der Tip von damals

Das Schmalz muß erhitzt werden und so reichlich vorhanden sein, daß sich die gebackenen Speisen darin gut bewegen und schwimmen können.

Mandelkuchen der Fugger

Aus der Zeit der Fugger, dem schwäbischen Geschlecht, das im Augsburg des ausgehenden Mittelalters ein Handelshaus von Weltrang schuf, stammt dieser köstliche Kuchen. Also aus den Jahren um 1500 herum. Er ist so ausgezeichnet, daß Sie ihn unbedingt probieren müssen.

Für den Teig:
250 g Mehl · 1 Ei · 1 Eigelb · 1 Prise Salz ·
150 g Butter
Für die Füllung:
200 g geschälte gemahlene Mandeln ·
150 g Zucker · abgeriebene Schale von 1 Zitrone ·
Saft von 2 großen Zitronen · Mehl zum Ausrollen
Zum Bestreichen:
2 Eßl. Milch
Zum Bestreuen:
50 g Mandelstifte

- Zubereitungszeit: 50 Minuten.
- Kühlzeit: 30 Minuten.
- Backzeit: 40 Minuten.

So wird's gemacht: Das Mehl in eine Schüssel geben. In die Mitte eine Mulde drücken. Das Ei, das Eigelb und die Prise Salz in die Mulde geben. Die Butter in Flöckchen auf dem Mehlrand verteilen. Von außen nach innen einen Teig kneten. Den Teig zugedeckt 30 Minuten in den Kühlschrank legen. • Die gemahlenen Mandeln mit dem Zucker, der abgeriebenen Zitronenschale und dem Zitronensaft in einer Schüssel mischen. • Den Backofen vorheizen: Elektroherd auf 200°, Gasherd auf Stufe 3. • Gut die Hälfte des Teiges auf der bemehlten Arbeitsfläche zu einer Platte ausrollen. Eine Springform von 24 cm Durchmesser damit auslegen. Einen Rand von 2 cm formen. Den Teig einige Male mit der Ga-

bel einstechen. Die Füllung darauf verteilen. • Den restlichen Teig springformgroß auf dem Mehl ausrollen und auf die Füllung legen. Den Teig am Rand zusammendrücken. Die Teigdecke auch mehrere Male mit der Gabel einstechen und mit der Milch bestreichen. Darauf die Mandelstifte streuen und sie etwas andrücken. • Die Form in den Backofen auf die mittlere Schiene stellen. Den Teig 40 Minuten backen. • Die Form aus dem Ofen nehmen. Den Kuchen aus der Form lösen und kalt werden lassen.

> **Mein Tip** Diesen wunderbaren Kuchen lasse ich immer zwei Tage zugedeckt an einem kühlen Ort ruhen. Dann hat er sein Aroma voll entwickelt und schmeckt großartig.

Gerollter Tiroler Festtagskuchen

Bild Seite 28

Für den Teig:
500 g Mehl · 40 g Hefe · 100 g Zucker ·
⅛ l lauwarme Milch · 3 Eier · abgeriebene Schale
von 1 Zitrone · 1 Prise Salz · 100 g Butter ·
Mehl zum Ausrollen · Butter für die Form
Für die Füllung:
125 g Bienenhonig · 500 g gehackte Walnüsse ·
¼ l saure Sahne · 1 Vanilleschote · 3 Eiweiße
Zum Bestreichen:
3 Eigelbe · 2 Eßl. Puderzucker · 1 Prise Piment ·
1 Teel. Zimt
Zum Bestreichen:
50 g Butter
Zum Bestäuben:
2 Eßl. Puderzucker

- Zubereitungszeit: 1 Stunde und 10 Minuten.
- Zeit zum Aufgehen: 1 Stunde und 15 Minuten.
- Backzeit: 1 Stunde.

So wird's gemacht: Das Mehl in eine Schüssel geben. In die Mitte eine Mulde drücken. Die Hefe hineinbröckeln. 2 Teelöffel Zucker darüberstreuen. Mit etwas lauwarmer Milch zum Vorteig verrühren. Zugedeckt an einem warmen Ort 15 Minuten aufgehen lassen. • Den restlichen Zucker, die restliche Milch, die Eier, die abgeriebene Zitronenschale und das Salz auf den Vorteig geben. Die Butter in Flöckchen auf dem Mehlrand verteilen. Den Vorteig mit den Zutaten verrühren. Die Fettflöckchen unterheben. Von außen nach innen einen Teig kneten. Den Teig kräftig durcharbeiten und schlagen, bis er trocken ist und sich von der Schüssel löst. Zugedeckt noch einmal 30 Minuten aufgehen lassen. • In der Zwischenzeit für die Füllung den Bienenhonig in einem Topf bei milder Hitze flüssig werden lassen. Vom Herd nehmen und die gehackten Walnüsse hineinrühren. Dann die saure Sahne und das Vanillemark dazugeben und gut verrühren. • Die Eiweiße zu steifem Schnee schlagen und unter die Nußmasse heben. • Die Arbeitsfläche mit Mehl bestäuben. Den Teig darauf zu einem Rechteck von 70 × 50 cm ausrollen. Der Länge nach halbieren. • Zum Bestreichen die Eigelbe mit dem gesiebten Puderzucker, dem Piment und dem Zimt glattrühren. Beide Teighälften damit bestreichen. • Die Füllung darauf verteilen. An den kurzen Seiten und an einer Längsseite einen Rand lassen, damit die Füllung nicht auslaufen kann. • Beide Teigstücke der Länge nach aufrollen und die Nahtstellen festdrücken. • Eine glatte Kranzform von 28 cm Durchmesser mit Butter einfetten. • Die beiden Rollen darin aufeinander schichten. Die Nahtstellen entgegengesetzt, damit die Füllung gut verteilt bleibt. • Den Teig noch einmal 30 Minuten zugedeckt aufgehen lassen. • Den Backofen vorheizen: Elektroherd auf 200°, Gasherd auf Stufe 3. • Die Form in den Ofen auf die mittlere Schiene stellen. Den Teig 60 Minuten backen. Während der Backzeit, zum erstenmal nach 15 Minuten, immer wieder mit der Butter bestreichen. So lange, bis die Butter verbraucht ist. • Die Form aus dem Ofen nehmen. Den Kuchen auf einem Kuchengitter auskühlen lassen. Vor dem Servieren mit Puderzucker bestäuben.

Großmutter Blohms Sandkuchen

Bild Seite 37

Ich schwöre es: Nie hat mir ein Sandkuchen so gut geschmeckt, wie der meiner Großmutter. Und eigentlich habe ich mein Leben lang geübt, um seine Qualität zu erreichen. Vielleicht macht es die süße Erinnerung, daß er mir noch immer nicht gut genug ist. Obwohl er stets gelobt wird, wenn ich ihn serviere.

Für den Teig:
250 g Butter · 250 g Zucker · 1 Prise Salz · 5 Eigelbe · 250 g Kartoffelmehl · 2 gehäufte Eßl. Mehl · 2 Glas Rum (4 cl) · 1 gestr. Teel. Hirschhornsalz · abgeriebene Schale von 1 Zitrone · 5 Eiweiße
Butter und Semmelbrösel für die Form
Zum Bestäuben:
2 Eßl. Puderzucker

Mit Buttercreme gefüllt, mit Sahne bestrichen und ▷ hübsch verziert gehört Großmutter Blohms Sandkuchen zu den Köstlichkeiten, denen man nicht widerstehen kann. (Rezept Seite 36)

- Zubereitungszeit: 50 Minuten.
- Backzeit: 65-70 Minuten.

So wird's gemacht: Die Butter in einer Schüssel cremig rühren. Nach und nach den Zucker und das Salz dazugeben. Die Masse so lange rühren, bis sie weißschaumig ist. Abwechselnd die Eigelbe und eßlöffelweise das Kartoffelmehl, mit dem Mehl gemischt, hineinrühren. Zwischendurch den Rum und zum Schluß Hirschhornsalz und die abgeriebene Zitronenschale dazugeben. • Den Backofen vorheizen: Elektroherd auf 180°, Gasherd auf Stufe 2. • Die Eiweiße zu sehr steifem Schnee schlagen. Locker unter den Teig heben. • Eine Springform mit Butter einfetten. Den Teig einfüllen. • Die Form in den Backofen auf die mittlere Schiene stellen. Den Teig 65-70 Minuten backen. In den letzten 15-20 Minuten mit Alufolie bedeckt. • Den Kuchen bei geöffneter Türe im Ofen leicht abkühlen lassen. Dann die Form herausnehmen und den Kuchen auf ein Kuchengitter stürzen. • Auskühlen lassen und vor dem Servieren mit Puderzucker bestäuben.

> **Mein Tip** Diesen Sandkuchen schneide ich manchmal durch, fülle ihn mit einer Buttercreme, überziehe ihn auch damit und garniere ihn mit geschälten gehackten Mandeln. Ein Gedicht!

◁ Vorzüglicher Marmorkuchen, in einer Guglhupfform gebacken (Rezept Seite 41) und feiner Orangenkuchen (Rezept Seite 40) sind ein Muß für jede Kaffeetafel. Beide gelingen leicht und schmecken ganz köstlich.

Kirschkuchen mit Guß

Für den Teig:
300 g Mehl · 100 g Zucker · 1 Prise Salz · 1 Ei ·
abgeriebene Schale von 1 Zitrone · 150 g Butter ·
Mehl zum Ausrollen · 3 Eßl. Semmelbrösel
Für den Belag:
1 kg Sauerkirschen · ⅛ l Wasser · 50 g Zucker ·
1 Messerspitze Zimt
Für den Guß:
3 Eigelbe · 100 g Zucker · 1 Prise Salz ·
1 Eßl. Speisestärke · 2 Eßl. saure Sahne ·
2 Eßl. Sahne · 1 Teel. Zimt · 3 Eiweiße
Zum Bestäuben:
50 g Puderzucker

- Zubereitungszeit: 45 Minuten.
- Kühlzeit: 30 Minuten.
- Backzeit: 35 Minuten.

So wird's gemacht: Das Mehl in eine Schüssel geben. In die Mitte eine Mulde drücken. Den Zucker, das Salz, das Ei und die Zitronenschale hineingeben und leicht verrühren. Die Butter in Flöckchen auf dem Mehlrand verteilen. Von außen nach innen einen Mürbeteig kneten. Zugedeckt 30 Minuten in den Kühlschrank stellen. • In der Zwischenzeit die Sauerkirschen waschen und entsteinen. Das Wasser in einem Topf aufkochen lassen, Zucker, Zimt und Kirschen hineingeben. Die Kirschen zugedeckt 5 Minuten kochen. Abtropfen und abkühlen lassen. • Den Backofen vorheizen: Elektroherd auf 220°, Gasherd auf Stufe 4. • Den Teig auf der bemehlten Arbeitsfläche rund ausrollen. Eine Springform von 24 cm Durchmesser damit auskleiden. Auch einen Rand arbeiten. • Die Form in den Backofen auf die mittlere Schiene stellen. Den Teig 15 Minuten vorbacken. • In der Zwischenzeit den Guß zubereiten: Die Eigelbe mit dem Zucker und dem Salz in einer Schüssel schaumig rühren. Die Speisestärke hineinmischen, dann

die saure und die süße Sahne und den Zimt. •
Die Eiweiße zu steifem Schnee schlagen. Unter
die Eigelbmasse heben. • Den vorgebackenen
Kuchen aus dem Ofen nehmen. Die Hitze auf
200°, Gasherd Stufe 3 reduzieren. • Den Kuchen
mit den Semmelbröseln bestreuen, mit den Kirschen belegen. Den Guß gleichmäßig darauf verteilen. Die Form wieder in den Backofen geben
und den Kuchen in 20 Minuten fertigbacken. •
Die Form aus dem Ofen nehmen. Den Kuchen
vorsichtig herauslösen und auf das Kuchengitter
gleiten lassen. Mit Puderzucker bestäuben und
auskühlen lassen.

Der Tip von damals
Für den Guß stoße man die Kirschkerne
in einem Mörser, lasse sie mit dem abgetropften Kirschsaft siedend heiß werden,
presse den Saft durch ein feines Sieb,
vermische ihn mit etwas Rotwein, einem
Ei und einigen Dottern, Zucker, etwas
süßer und saurer Sahne und verteile diesen auf die Kirschen.

Mein Tip Inzwischen weiß man, daß
Obstkerne geringe Mengen giftiger Blau-
säure enthalten. Darum gebe ich diesen
Tip mehr aus Originalität weiter.

Feiner Orangenkuchen
Bild Seite 38, vorne

Für den Teig:
*250 g Butter · 200 g Zucker · 3 Eier · 4 Eigelbe ·
1 Prise Salz · 2 Eßl. Cointreau · abgeriebene
Schale von 2 Orangen und 1 Zitrone ·
2 Eßl. Orangensaft · 1 Eßl. Zitronensaft ·*

*100 g Mehl · 100 g Speisestärke · 100 g geschälte
gemahlene Mandeln
Butter für die Form
Zum Garnieren:
100 g Orangengelee · 50 g geröstete Mandelblättchen*

● Zubereitungszeit: 30 Minuten.
● Backzeit: 1 Stunde und 30 Minuten.

So wird's gemacht: Die Butter mit dem Zucker
schaumig rühren, nach und nach die Eier und
die Eigelbe zugeben. (Dabei am besten ab und zu
einen Löffel Mehl unterrühren, damit die Masse
nicht gerinnt.) Das Salz, den Cointreau, die
Orangen- und Zitronenschale sowie den Saft unterrühren. Das restliche, mit der Speisestärke ge-
mischte Mehl, sowie die Mandeln zufügen und
den Teig in die eingefettete Kastenform füllen. •
Den Backofen vorheizen: Elektroherd auf 190°,
Gasherd auf Stufe 2. • Die Oberfläche des Ku-
chens glattstreichen und den Kuchen auf die
mittlere Schiene des Backofens stellen. Den
Kuchen backen; gegen Ende der Backzeit die
Stäbchenprobe machen. • Den noch warmen
Kuchen auf ein Kuchengitter stürzen. • Das
Orangengelee etwas erhitzen, den Kuchen damit
bestreichen und mit den gerösteten Mandelblättchen bestreuen.

Vorzüglicher Marmorkuchen

Bild Seite 38 hinten

Für den Teig:
250 g Butter · 1 Päckchen Vanillinzucker ·
1 Prise Salz · 250 g feiner Zucker · 4 Eier ·
300 g Mehl · 2 Teel. Backpulver · 5 Eßl. Milch ·
50 g geschälte gehackte Mandeln · 50 g bittere
Blockschokolade · 40 g Kakao · 2 Eßl. Rum
Butter für die Form
Zum Bestäuben:
Puderzucker

- Zubereitungszeit: 45 Minuten.
- Backzeit: 1–1½ Stunden.

So wird's gemacht: Die Butter in einer Schüssel schaumig rühren. Nach und nach den Vanillinzucker, die Prise Salz und 200 g Zucker dazugeben. Dann die Eier, eins nach dem anderen, in die Masse rühren. • Das Mehl mit dem Backpulver mischen. Abwechselnd mit 3 Eßlöffeln Milch in den Teig geben. • Ein Drittel des Teiges abnehmen. In den übrigen Teig die Mandeln mischen. • Den Backofen vorheizen: Elektroherd auf 180°, Gasherd auf Stufe 2. • Die Blockschokolade in eine Schüssel reiben. Mit der restlichen Milch, dem restlichen Zucker, dem Kakao und dem Rum mischen. In das abgenommene Teigdrittel rühren. • Eine Napfkuchenform mit der Butter einfetten. • Die Hälfte des hellen Teiges einfüllen, darauf den dunklen Teig und darauf den restlichen hellen Teig. Ein dickes Holzstäbchen oder einen dünnen Holzlöffelstiel spiralenförmig durch den Teig ziehen, damit der Kuchen zum marmorierten Kuchen wird. • Die Form in den Ofen auf die untere Schiene stellen. Den Kuchen 1–1½ Stunden backen. Nach 1 Stunde die Garprobe machen. Hängt noch feuchter Teig an dem Holzstäbchen, dann müssen Sie noch etwas Backzeit zugeben. • Den fertigen Kuchen aus dem Ofen nehmen, etwas abkühlen lassen und auf ein Kuchengitter stürzen. Mit dem Puderzucker bestäuben und vollständig auskühlen lassen.

> **Mein Tip** Wenn der Kuchen noch lockerer werden soll, dann schlagen Sie das Eiweiß steif und heben es unter den Teig, nachdem Sie die 3 Eßlöffel Milch hineingerührt haben. Dann kann der Teig geteilt werden.

Rheinischer Apfelkuchen

Eigentlich heißt er Appeltaat. Zumindest auf gut kölsch. Und wenn die stattliche schwarzhaarige Frau Neunzig von nebenan mir ein Stück Appeltaat versprach, dann konnte ich gar nicht schnell genug hinkommen. Ich war schließlich erst zehn. Das Rezept ist im Elternhaus erhalten geblieben. Und deshalb bin ich in der glücklichen Lage, Ihnen diesen köstlichen Genuß wärmstens empfehlen zu können.

Für den Teig:
300 g Mehl · 180 g Zucker · 1 Päckchen Vanillinzucker · 1 Prise Salz · 1 Ei · 200 g Butter ·
Mehl zum Ausrollen
Für den Belag:
150 g Korinthen · 750 g säuerlich-aromatische Äpfel · 3 Eßl. Zucker · 1 gestrichener Teel. Zimt
Als unerläßliche Zugabe:
¼ l Sahne · 1 Päckchen Vanillinzucker

- Zubereitungszeit: 40 Minuten.
- Kühlzeit: 45 Minuten.
- Backzeit: 35 Minuten.

So wird's gemacht: Alle Zutaten für den Teig kalt stellen. • Das Mehl in eine Schüssel geben. Mit dem Zucker, dem Vanillinzucker und dem Salz mischen. In die Mitte eine Mulde drücken. Das Ei hineingeben und leicht verrühren. Die Butter in Flöckchen auf das Mehl verteilen und schnell einen Teig kneten. Den Teig zugedeckt 45 Minuten im Kühlschrank ruhen lassen. • Die Arbeitsfläche mit Mehl bestäuben. Den Teig schnell darauf ausrollen. Das ist nicht so einfach, weil er sehr fettreich ist. Deshalb dürfen Sie nicht mit allzu großem Druck arbeiten. • Eine Tortenform mit glattem Rand (Pieform) oder eine Springform von 26 cm Durchmesser mit dem Teig auslegen und einen 2 cm hohen Rand formen. • Die Form zugedeckt kühl stellen. • Für den Belag die Korinthen mit heißem Wasser überbrühen und abtropfen lassen. Die Äpfel schälen, vierteln und entkernen. • Inzwischen den Backofen vorheizen: Elektroherd auf 220°, Gasherd auf Stufe 4. • Die Äpfel in gleichmäßig feine Scheiben schneiden. Den Teig damit schuppenförmig belegen. Obendrauf die Korinthen verteilen. Den Zucker mit dem Zimt mischen und die Äpfel damit bestreuen. • Die Form in den Backofen auf die mittlere Schiene stellen. Den Teig 35 Minuten backen. • Die Form aus dem Ofen nehmen. Den Apfelkuchen auf einem Kuchengitter auskühlen lassen. Vor dem Servieren die Sahne mit dem Vanillinzucker steif schlagen. Nicht auf die Schlagsahne verzichten. Sie gehört unbedingt zur Appeltaat. Aber sie darf nicht sonderlich süß sein.

Mein Tip Wer kein gar zu großer Süßschnabel ist, mag den rheinischen Apfelkuchen besonders gern, denn er wird mit relativ wenig Zucker zubereitet. Und die säuerlichen Äpfel machen ihn zum erfrischenden Genuß.

Kugelhopf aus dem Elsaß

Bild Umschlag-Vorderseite

»Gugelhopf oder Gugelhupf, auch Kugelhopf oder Butterlaibl. In Österreich, ganz Süddeutschland und am Rhein üblicher Kuchen von Hefeteig, welcher ganz nach Art der Napf-, Topf- oder Aschkuchen in einer glatten oder gerieften hohen Form von verzinntem Kupfer und glasiertem Töpfergeschirr gebacken wird. Die Kugelhupfe gehören, wie der Baumkuchen, den älteren Zeiten an. Der Name Kugelhupf hat zweierlei Bedeutung, indem die erste Silbe auf die kugelartige Form deutet und die zweite Silbe das durch die Hefe in die Höhe getriebene Aufgehen bedeutet . . .« Das steht in einem »Conditorei-Lexikon« von Otto Bierbaum von 1898. Ich habe das Kugelhopf-Rezept aus dem Elsaß für Sie ausprobiert:

Für den Teig:
250 g Mehl · 25 g Hefe · 75 g Zucker · 1 knappe Tasse lauwarme Milch (1/16 l) · 1 Prise Salz · 125 g Butter · 4 Eier · abgeriebene Schale von 1 Zitrone · 75 g Sultaninen · 75 g gehacktes Zitronat · 75 g gehacktes Orangeat · 75 g geschälte gemahlene Mandeln · 1 Eßl. Rum Butter und 50 g gehackte Mandeln für die Form
Zum Garnieren:
2 Eßl. Puderzucker

● Zubereitungszeit: 50 Minuten.
● Zeit zum Aufgehen: 50 Minuten.
● Backzeit: 1 Stunde.

So wird's gemacht: Das Mehl in eine Schüssel geben. In die Mitte eine Mulde drücken. Die Hefe in die Mulde bröckeln. 1 Teelöffel Zucker dazugeben und etwas lauwarme Milch. Daraus einen Vorteig rühren. Etwas Mehl vom Rand darüberstäuben und zugedeckt an einem warmen Ort 20 Minuten gehen lassen. • Inzwischen den restlichen Zucker mit dem Salz und der Butter in einer Schüssel vermischen. Nach und nach die Eier dazugeben und schaumig rühren. Die Zitronenschale zufügen. • Die gewaschenen, gut getrockneten Sultaninen mit dem gehackten Zitronat, dem gehackten Orangeat, den gemahlenen Mandeln und dem Rum in einer Schüssel mischen und durchziehen lassen. • Die Butter-Schaummasse mit der restlichen Milch in den Vorteig rühren. Nach und nach das Mehl vom Rand einrühren und den Teig schlagen, bis er Blasen wirft. Den Teig wiederum 15 Minuten gehen lassen. • Dann die Früchtemischung in den Teig rühren und ihn noch einmal kurz durcharbeiten. • Eine kleine Gugelhupfform (Napfkuchenform) mit der Butter einfetten und mit den gehackten Mandeln ausstreuen. • Den Teig einfüllen und noch einmal 15 Minuten zugedeckt gehen lassen. • Den Backofen vorheizen: Elektroherd auf 200°, Gasherd auf Stufe 3. • Die Form auf die untere Schiene in den Backofen stellen. Den Teig 60 Minuten backen. Sollte er gegen Ende der Backzeit schon eine braune Oberfläche haben, wird der Kuchen mit Alufolie abgedeckt. • Den Kuchen im abgeschalteten Herd bei offener Tür 10 Minuten abkühlen lassen. • Die Form aus dem Ofen nehmen. Den Kugelhopf auf ein Kuchengitter stürzen und abkühlen lassen. • Vor dem Servieren mit Puderzucker bestäuben.

Mein Tip Es ist genau richtig, wenn der Kugelhopf ein bißchen über den Formrand geht. Das ist ein Qualitätszeichen für die Elsässer Art. Wenn Sie wollen, können Sie außerdem noch 75 g Korinthen hineingeben. Das macht ihn herbsäuerlich.

Glasierter reicher Kranzkuchen

Bild 2. Umschlagseite

Für den Teig:
500 g Mehl · 40 g Hefe · knapp ¼ l lauwarme Milch · 80 g Butter · 50 g Zucker · 1 kräftige Prise Salz · abgeriebene Schale von ½ Zitrone Butter für das Backblech · Mehl zum Ausrollen
Für die Füllung:
50 g Butter · 50 g Zucker · 60 g Sultaninen · 60 g geschälte grobgehackte Mandeln · 60 g feingewürfelte Schokolade ·
Zum Bestreichen:
1 Eigelb
Für die Glasur:
100 g Puderzucker · 1 Glas Arrak (2 cl) · 1 Eiweiß · 50 g Mandelblättchen zum Bestreuen

● Zubereitungszeit: 30 Minuten.
● Aufgehzeit: 30 Minuten.
● Backzeit: 35 Minuten.

So wird's gemacht: Das Mehl in eine Schüssel geben. In die Mitte eine Vertiefung drücken und die Hefe hineinbröckeln. Etwas lauwarme Milch zugießen und zu einem Vorteig anrühren. Die Schüssel zugedeckt an einen warmen Ort stellen und den Teig 15 Minuten aufgehen lassen. • Die Butter mit der restlichen Milch erwärmen. Mit dem Zucker, dem Salz und der abgeriebenen Zitronenschale zum Vorteig geben. Alles zu einem mittelfesten Hefeteig kneten. Den Teig nochmal 15 Minuten zugedeckt aufgehen lassen. • Den Backofen vorheizen: Elektroherd auf 200°, Gasherd auf Stufe 3. • Für die Füllung die Butter schmelzen. • Den Hefeteig auf der bemehlten Arbeitsfläche zu einem Rechteck ausrollen. Mit der Butter bestreichen. Den Zucker, die Sultaninen, die Mandeln und die feingewürfelte Schokolade darauf verteilen. Die Platte der Länge nach halbieren. Beide Platten von der Längsseite her aufrollen. Die Enden gut zusammendrücken, damit keine Füllung herauskommen kann. • Die Rollen zu einer Spirale zusammendrehen und auf dem gefetteten Backblech zum Kranz formen. Dünn mit dem verquirlten Ei bestreichen. • Das Blech in den Ofen auf die mittlere Schiene schieben. Den Kranz 30–35 Minuten backen. • Das Blech aus dem Ofen nehmen. Den Kranz auf das Kuchengitter schieben. • Für die Glasur den Puderzucker mit dem Arrak und dem Eiweiß dickflüssig rühren und den noch warmen Kuchen damit bestreichen. Mit Mandelblättchen bestreuen.

Fruchtbrot mit Mandeln

Bild Seite 47

Für den Teig:
250 g weiche Butter · 250 g Farinzucker
(Rohzucker) · 1 Vanilleschote · 1 Prise Salz ·
1 Glas Rum (2 cl) · 6 Eier · 320 g Mehl ·
2 gestrichene Teel. Backpulver · 400 g
Sultaninen ·
50 g geschälte gemahlene Mandeln ·
100 g gewürfeltes Zitronat
Zum Belegen:
100 g Mandelhälften
Zum Bestreichen:
2 gehäufte Eßl. Zucker · 5 Eßl. Wasser

● Zubereitungszeit: 25 Minuten.
● Backzeit: 1 Stunde und 20 Minuten.

So wird's gemacht: Die Butter in einer Schüssel schaumig rühren. Nach und nach den Farinzucker dazugeben. Das Mark der Vanilleschote, das Salz, den Rum und nach und nach die Eier hineinrühren. • Das Mehl mit dem Backpulver gut vermischen. Die Sultaninen, die gemahlenen

Mandeln und das gewürfelte Zitronat zufügen und auch mischen. Dann in die Buttermasse rühren. • Den Backofen vorheizen: Elektroherd auf 180°, Gasherd auf Stufe 2. • Eine Springform von 18 cm Durchmesser mit Alufolie auslegen. Den Teig hineinfüllen und die Oberfläche glattstreichen. Dann die Oberfläche dicht mit den Mandelhälften belegen. • Die Form in den vorgeheizten Ofen auf die mittlere Schiene stellen. Den Teig 1 Stunde und 20 Minuten backen. Auf jeden Fall die Stäbchenprobe machen, bevor der Kuchen aus dem Ofen genommen wird. Bleibt am Holzstäbchen nach dem Einstechen noch Teig hängen, dann müssen Sie die Backzeit etwas verlängern. • Zum Bestreichen den Zucker mit dem Wasser in einem kleinen Topf verrühren und 2–3 Minuten kochen lassen, bis er geklärt ist. Die Oberfläche des Fruchtbrotes damit bestreichen. Den Springformrand lösen. Den Kuchen mit der Folie auskühlen lassen.

Engadiner Nußkuchen

Bild 3. Umschlagseite

Für den Teig:
300 g Mehl · 150 g Zucker · 1 Ei · 1 Prise Salz ·
160 g Butter · Mehl zum Ausrollen
Für die Füllung:
20 g Butter · 300 g Zucker ·
250 g grobgeschnittene Walnüsse · ¼ l Sahne
Zum Bestreichen:
1 Eigelb

● Zubereitungszeit: 30 Minuten.
● Kühlzeit: 30 Minuten.
● Backzeit: 30–40 Minuten.

So wird's gemacht: Das Mehl in eine Backschüssel geben. In die Mitte eine Mulde drücken. Den Zucker, das Ei und das Salz hineingeben. Die

Butter in Flöckchen auf dem Mehlrand verteilen. Die Zutaten in der Mulde verrühren. Von außen nach innen einen Mürbeteig kneten. Den Teig zugedeckt 30 Minuten in den Kühlschrank stellen. • Inzwischen für die Füllung die Butter in einem Topf zerlassen und nach und nach den Zucker hineingeben. Unter ständigem Rühren hellbraun werden lassen. Die zerkleinerten Walnüsse mit der Sahne zugeben und zweimal aufkochen lassen. Die Nußmasse fast kalt werden lassen. • Den Backofen vorheizen: Elektroherd auf 200°, Gasherd Stufe 3. • Zwei Drittel des Teiges auf einer bemehlten Arbeitsfläche ausrollen. Eine ungefettete Springform damit auskleiden. Den überstehenden Teig am Rand abschneiden. • Den restlichen Teig zu einer runden Platte ausrollen. • Die Nußmasse in die Form auf den Teig füllen und glattstreichen. • Das Eigelb verquirlen. Den Teigrand damit bestreichen. Die Teigplatte auflegen und am Rand fest andrücken. Die Platte mit dem restlichen Eigelb bestreichen. Mit einer Gabel Löcher hineinstechen. • Die Form in den Ofen auf die mittlere Schiene stellen. Den Teig 30-40 Minuten backen. • Die Form aus dem Ofen nehmen und den Kuchen auf dem Kuchengitter abkühlen lassen.

Mein Tip Natürlich schmeckt der Engadiner Nußkuchen auch ohne – aber mit einer großen Portion Schlagsahne ist er das Beste, was ich meinen Gästen auftischen kann. Bitte die Sahne nur mit einem Päckchen Vanillinzucker süßen und aromatisieren.

Englischer Kuchen

Bild Seite 47

Für den Teig:
250 g Mehl · 180 g Butter · 1 kräftige Prise Salz ·
4–5 Eßl. Eiswasser
Für die Füllung:
5 Eier ·
450 g brauner Zuckersirup (Rübensaft) ·
40 g Mehl · 60 g zerlassene Butter ·
1 Vanilleschote · 1 kräftige Prise Salz ·
250 g Pecan-Nußkerne

- Zubereitungszeit: 30 Minuten.
- Kühlzeit: 2–3 Stunden.
- Backzeit: 40 Minuten.

So wird's gemacht: Das Mehl in eine Backschüssel geben. Die Butter in Stückchen schneiden. Mit dem Salz ins Mehl geben und flockig verarbeiten. Das Eiswasser zugießen und alles zu einem glatten Teig kneten. • Den Teig 2–3 Stunden im Kühlschrank ruhen lassen. • Den Backofen vorheizen: Elektroherd auf 190°, Gasherd auf Stufe 2–3. • Den Teig ausrollen. Den Boden und den Rand einer ungefetteten Springform damit auslegen. • Die Form auf die mittlere Schiene in den Ofen stellen. Den Teig 10-12 Minuten vorbacken. Er soll hellbraun sein. • Für die Füllung die Eier in einer Schüssel verrühren, aber nicht schaumig werden lassen. Den Sirup langsam unterrühren, bis er mit den Eiern eine homogene Masse bildet. Das Mehl einrühren, dann die zerlassene, abgekühlte Butter dazugeben. Das Vanillemark und die Pecan-Nüsse unterheben. • Diese Masse auf den vorgebackenen Teig verteilen. • Die Form wieder in den Ofen stellen und den Kuchen noch 30 Minuten backen. • Die Form aus dem Ofen nehmen. Den Kuchen darin etwas abkühlen lassen, dann auf einem Kuchengitter kalt werden lassen.

Zarte Plätzchen und Kekse

Muskatleckerlein

Da ich – wie jeder Mensch – nur zwei Großmütter besaß, habe ich mir in meinen jungen Jahren eine dazu adoptiert. Vermutlich deshalb, weil ich auf meine eigenen Großmütter nicht immer zurückgreifen konnte. Sie wohnten 600 km von uns entfernt. Aber sicher auch deshalb, weil die Adoptiv-Großmutter so vorzügliche Plätzchen gebacken hat, die sie Muskatleckerlein nannte. Und da ich bei Süßem kaum widerstehen kann, hatte ich die alte Dame besonders ins Herz geschlossen.

Zutaten für etwa 50 Muskatleckerlein:
80 g weiche Butter · 50 g Zucker ·
1 Ei · 50 g geschälte gemahlene Mandeln ·
1 kräftige Messerspitze geriebene Muskatnuß ·
160 g Mehl · 1 gehäufter Eßl. Kakao
Mehl zum Ausrollen
Zum Bestreichen und Bestreuen:
etwas Milch · 50 g Hagelzucker

- Zubereitungszeit: 40 Minuten.
- Kühlzeit: 30 Minuten.
- Backzeit: 10 Minuten für jedes Blech.

So wird's gemacht: Die Butter mit dem Zucker und dem Ei in einer Schüssel weißschaumig rühren. Die Mandeln mit geriebener Muskatnuß hineingeben und untermischen. Das Mehl mit dem Kakao mischen. Auf die Buttermasse geben, unterheben und zu einem Teig kneten. Er wird nicht allzu fest. Den Teig zugedeckt 30 Minuten in den Kühlschrank stellen. • Den Teig auf der bemehlten Arbeitsfläche etwa ½ cm dick ausrollen. Runde Formen daraus ausstechen. Mit Milch bestreichen und mit Hagelzucker bestreuen. • Den Backofen vorheizen: Elektroherd auf 200°, Gasherd auf Stufe 3. • Die Teigstücke auf ein ungefettetes Backblech legen. Das Backblech in den Backofen auf die mittlere Schiene schie-

ben. Die Leckerlein 10 Minuten backen. • Das Blech aus dem Ofen nehmen, die Leckerlein vorsichtig vom Blech lösen und auf einem Kuchengitter gut abkühlen lassen.

> **Mein Tip** Eine andere Form von Leckerlein: Haselnüsse statt Mandeln verwenden und 2 Eßlöffel Rosinen hineingeben. Den Teig mit zwei Teelöffeln aufs Backblech setzen. Wie die Muskatleckerlein backen.

Pistazienhalbmonde
Bild Seite 48

Zutaten für etwa 35 Plätzchen:
3 Eiweiße · 250 g Zucker · 1 Prise Salz ·
250 g geriebene Haselnüsse ·
250 g zartbittere geriebene Schokolade ·
abgeriebene Schale von 1 Zitrone ·
Mehl zum Ausrollen · Butter für das Backblech
Zum Garnieren:
1 Eiweiß · 125 g Puderzucker ·
50 g geschälte gehackte Pistazien

- Zubereitungszeit: 1 Stunde.
- Kühlzeit: 45 Minuten.
- Backzeit: 15 Minuten für jedes Blech.

Englischer Kuchen wird nicht immer in einer Kastenform gebacken, wie das Beispiel oben im Bild zeigt. Hier wird ein Mürbteig mit Pecannüssen belegt. (Rezept Seite 45) Das Fruchtbrot mit Mandeln (Rezept Seite 44) hält sich, in Alufolie verpackt, wochenlang frisch.

So wird's gemacht: Die Eiweiße zu steifem Schnee schlagen, nach und nach den Zucker einrieseln lassen und das Salz zugeben. Die geriebenen Haselnüsse, die geriebene Schokolade und die Zitronenschale mischen und zum Eischnee geben. Daraus einen Teig kneten. Den Teig 45 Minuten zugedeckt in den Kühlschrank stellen. • Den Backofen vorheizen: Elektroherd auf 180°, Gasherd auf Stufe 1. • Den Teig auf der bemehlten Arbeitsfläche ½ cm dick ausrollen. Mit einem Glas Halbmonde ausstechen. • Das Backblech mit Butter einfetten. Die Halbmonde darauflegen. • Das Backblech in den Ofen auf die mittlere Schiene schieben. • Den Teig 15 Minuten backen. • Das Blech aus dem Ofen nehmen und die Halbmonde sofort vom Blech lösen. Auf dem Kuchengitter abkühlen lassen. • Zum Garnieren das Eiweiß leicht schlagen. Den gesiebten Puderzucker unterheben und die Halbmonde damit bestreichen. Mit den gehackten Pistazien garnieren. Fest werden lassen.

> **Mein Tip** Pistazienhalbmonde kann man vorzüglich auf Vorrat backen. In Alufolie verpackt schmecken sie auch noch nach 4 Wochen gut.

◁ Sie dürfen auf keinem Plätzchenteller fehlen: die Marillenringe (unten links, Rezept Seite 50), das feine Mandelgebäck (unten rechts, Rezept Seite 50), die Pistazienhalbmonde (oben rechts, Rezept Seite 46) und die Malteser (oben links, Rezept Seite 52).

Linzer Kranzerl

Zutaten für 35 Stück:
4 hartgekochte Eier · 200 g Butter ·
80 g Puderzucker · ½ Vanilleschote · 1 Prise Salz ·
300 g Mehl · Mehl zum Ausrollen
Butter für das Backblech
Zum Garnieren und Füllen:
1 Eigelb · 120 g geschälte gehackte Mandeln ·
100 g Zucker · 80 g festes Johannisbeergelee
Zum Bestäuben:
Puderzucker

- Zubereitungszeit: 1 Stunde.
- Kühlzeit: 30 Minuten.
- Backzeit: 10 Minuten pro Blech.

So wird's gemacht: Die Eier schälen. Die Eigelbe herauslösen (Eiweiß anderweitig verwenden) und durch ein Sieb streichen. • Die Butter in einer Schüssel mit den Eigelben und dem Puderzucker, dem Vanillemark und dem Salz schaumig rühren. Das Mehl zuerst in die Masse rühren, dann unterkneten. Den Teig zugedeckt 30 Minuten im Kühlschrank ruhen lassen. • Den Backofen vorheizen: Elektroherd auf 180°, Gasherd auf Stufe 2. • Den Teig portionsweise auf der bemehlten Arbeitsfläche ausrollen und mit einem Förmchen von 4 cm Durchmesser Ringe ausstechen. • Das Eigelb verquirlen. Die Ringe damit bestreichen. • Die gehackten Mandeln und den Zucker mischen. Die Ringe mit der Eigelbseite in

> **Mein Tip** Wählen Sie ein Förmchen aus, dessen Loch innen nicht zu groß ist. Denn die Linzer Kranzerl sind so zart, daß sie bei einem zu großen Durchmesser leicht brechen, wenn man sie vom Blech nimmt.

die Mandelmischung drücken. Dann aufs eingefettete Backblech legen. • Das Backblech in den Ofen auf die mittlere Schiene schieben. Teig etwa 10 Minuten backen. • Die Plätzchen vom Blech nehmen und auskühlen lassen. Das Johannisbeergelee verrühren. Je zwei Ringe mit dem Gelee zusammensetzen. Die Kranzerl mit Puderzucker bestäuben. In einer Blechdose oder in Alufolie verpackt aufbewahren.

Marillenringe

Bild Seite 48

Zutaten für 50 Stück:
400 g Mehl · 120 g Zucker · 1 Prise Salz ·
abgeriebene Schale von 1 Zitrone ·
1 Päckchen Vanillinzucker · 1 Eigelb ·
1 Glas Rum (2 cl) · 250 g Butter
Mehl zum Ausrollen
Zum Garnieren:
2 Eßl. Puderzucker
Für die Füllung:
250 g Marillen-(Aprikosen-)Marmelade

● Zubereitungszeit: 40 Minuten.
● Kühlzeit: 1 Stunde.
● Backzeit: 10 Minuten pro Blech.

So wird's gemacht: Das Mehl in eine Schüssel geben. In die Mitte eine Mulde drücken. Den Zucker, das Salz, die Zitronenschale, den Vanil

> **Mein Tip** Wenn der Marmeladenklecks in der Mitte besonders glatt und durchsichtig sein soll, erhitze ich die verrührte Marmelade leicht und fülle sie dann portionsweise in die Ringe.

linzucker, das Eigelb und den Rum hineingeben. Die Butter in Flöckchen auf dem Mehlrand verteilen. Zuerst die Zutaten in der Mulde mit einem Löffel verrühren. Dann von außen nach innen schnell zu einem glatten Teig kneten. Den Teig 1 Stunde zugedeckt in den Kühlschrank stellen. • Den Backofen vorheizen: Elektroherd auf 180°, Gasherd auf Stufe 2. • Den Teig auf Mehl portionsweise 3 mm dünn ausrollen. Etwa 50 runde Stücke von 6 cm Durchmesser und die gleiche Anzahl gleichgroßer Ringe ausstechen. Beides auf ein ungefettetes Backblech legen. • In den Ofen auf die mittlere Schiene schieben. Gut 10 Minuten backen. • Das Blech aus dem Ofen nehmen. Das Gebäck vorsichtig vom Blech lösen und auf dem Kuchengitter auskühlen lassen. • Die Ringe mit Puderzucker bestäuben. Die runden Plätzchen mit glattgerührter Marillenmarmelade bestreichen. Aufeinander setzen. In die Mitte noch einen Klecks Marmelade geben.

Feines Mandelgebäck

Bild Seite 48

Zutaten für etwa 50 Stück:
150 g Butter · 150 g Zucker · 1 Ei · abgeriebene
Schale von ½ Zitrone · 1 Prise Salz · 1 Messerspitze
Backpulver · 250 g Mehl · Mehl zum Ausrollen
Butter für das Backblech
Zum Garnieren:
1 Eigelb · 100 g geschälte halbierte Mandeln

● Zubereitungszeit: 40 Minuten.
● Kühlzeit: 30 Minuten.
● Backzeit: 15 Minuten pro Blech.

So wird's gemacht: Die Butter in einer Schüssel schaumig rühren. Nach und nach den Zucker, das Ei, die abgeriebene Zitronenschale und das Salz zugeben. Das Backpulver mit dem Mehl mi schen. Zur Buttermasse geben; zuerst einrühren, dann unterkneten. Den Teig 30 Minuten zugedeckt im Kühlschrank ruhen lassen. • Den Backofen vorheizen: Elektroherd auf 200°, Gasherd auf Stufe 3. • Den Teig portionsweise auf der bemehlten Arbeitsfläche 4 mm dick ausrollen und in Quadrate von 3 cm Seitenlänge schneiden. • Das Eigelb mit ein paar Tropfen Wasser verrühren und die Teigstücke damit bestreichen. Jedes mit vier Mandelhälften belegen. • Das Backblech einfetten. Die Teigstücke nicht zu nah aneinander darauflegen. In den Backofen auf die mittlere Schiene schieben. In 15 Minuten goldgelb backen. • Das Blech aus dem Ofen nehmen, die Mandelplätzchen auf dem Kuchengitter auskühlen lassen.

Mandelbrödlein

Wollen Sie dazu mal das schweizerische Rezept aus dem Jahr 1785 lesen? Hier ist es. »Zu einem Pfund gescheelte und gestossene Mandeln, thue ein halbes Pfund Zucker, 3 Eyer, hake die Rinde von einer Citrone, röste dieses alles in einer gelben Pfanne, und laß solches erkalten, hernach mache Brödlein daraus, und backe sie noch ein wenig im Ofen.« Ganz gewiß sind die Köchinnen der damaligen Zeit mit dem Rezept gut zurechtgekommen. Ich habe es aber dennoch etwas überarbeitet.

Zutaten für etwa 35 Brödlein:
400 g geschälte gemahlene Mandeln
einige Tropfen Bittermandelöl
abgeriebene Schale von ½ Zitrone
400 g feiner Zucker · 1 Prise Salz · 4 Eiweiße
Zum Bestäuben:
100 g Puderzucker

● Zubereitungszeit: 20 Minuten.
● Backzeit: 30 Minuten.

So wird's gemacht: Die gemahlenen Mandeln mit dem Bittermandelöl, der Zitronenschale, dem Zucker und dem Salz gut mischen. • Die Eiweiße zu sehr steifem Schnee schlagen und unter die Mandelmasse heben. Der Teig soll nicht weich sein! Im Zweifelsfall lieber noch etwas gemahlene Mandeln dazugeben. • Aus dem Teig gut 3 cm dicke Kugeln formen. • Den Backofen vorheizen: Elektroherd auf 160°, Gasherd auf Stufe 1. • Das Backblech mit Pergamentpapier auslegen. Die Kugeln darauflegen. Aber bitte mit Abstand, denn sie gehen beim Backen oval auseinander und werden zu Brödlein. • Das Backblech in den Ofen auf die mittlere Schiene schieben. Die Brödlein in 30 Minuten darin lichtgelb backen. • Wenn Sie im Gasherd backen, bitte darauf achten: Das Gebäck darf nicht braun werden. Nimmt es zuviel Farbe an, dann lassen Sie die Backofentüre einen Spalt breit offen. • Das Backblech aus dem Ofen nehmen und die Brödlein dicht mit Puderzucker bestäuben. Etwas abkühlen lassen, dann vom Pergamentpapier lösen und auf einem Kuchengitter auskühlen lassen.

Berliner Brot

Zutaten für 100 Stück:
2 Eier · 2 Eßl. warmes Wasser · 250 g Farinzucker
(Rohzucker) · 65 g Apfelkraut · 1 Eßl. Rum ·
1 Messerspitze Nelkenpfeffer · 2 Teel. Zimt ·
65 g bittere geriebene Schokolade · 250 g Mehl ·
1 gestrichener Teel. Backpulver · 125 g ganze
ungeschälte Mandeln · 35 g gehacktes Orangeat
Butter für das Backblech
Für den Guß:
100 g Puderzucker
heißes Wasser

● Zubereitungszeit: 40 Minuten.
● Backzeit: 15–20 Minuten.

So wird's gemacht: Die Eier und das warme Wasser in einer Schüssel verrühren. Den Zucker nach und nach einrieseln lassen. Schlagen, bis die Masse schaumig ist. • Den Backofen vorheizen: Elektroherd auf 220°, Gasherd auf Stufe 4. • Nacheinander das Apfelkraut, den Rum, den Nelkenpfeffer, den Zimt und die geriebene Schokolade in die Schaummasse mischen. • Das Mehl mit dem Backpulver mischen und hineinrühren. Zum Schluß die ganzen Mandeln und das gehackte Orangeat unter den Teig heben. • Ein Backblech mit Butter einfetten. Den Teig darauf verteilen und etwa ½ cm dick glattstreichen. • Das Blech in den Backofen auf die mittlere Schiene schieben. Den Teig 15–20 Minuten backen. • Das Blech aus dem Ofen nehmen. • Für den Guß den Puderzucker mit heißem Wasser dickflüssig rühren. Das heiße Berliner Brot damit bestreichen. Dann mit einem scharfen Messer in Schnitten von 3 × 5 cm schneiden. • Das Gebäck vom Blech nehmen.

Malteser

Bild Seite 48

Zutaten für etwa 50 Malteser:
180 g Butter · 125 g Puderzucker · 1 Prise Salz ·
1 Päckchen Vanillinzucker · 4 Eigelbe ·
160 g Mehl · 40 g Kakao
Butter für das Backblech
Zum Füllen und Garnieren:
125 g zartbittere Kuvertüre ·
100 g Orangenmarmelade ·
2 Teel. Grand Marnier (Likör)

● Zubereitungszeit: 50 Minuten.
● Backzeit: 12 Minuten für jedes Blech.

So wird's gemacht: Die Butter schaumig rühren. Nach und nach den gesiebten Puderzucker, die Prise Salz und den Vanillinzucker dazugeben. Kräftig rühren. Dann nach und nach die Eigelbe hineinmischen. Das Mehl mit dem Kakao mischen und unterheben. • Den Teig in einen Spritzbeutel mit einfacher Lochtülle von etwa 1 cm Durchmesser füllen. • Das Backblech einfetten. • Den Backofen vorheizen: Elektroherd auf 200°, Gasherd auf Stufe 3. • 4 cm lange Teigstreifen aufs Blech spritzen. • Das Blech in den Backofen auf die mittlere Schiene schieben. Den Teig etwa 12 Minuten backen. • Das Blech aus dem Ofen nehmen. Die Malteser vom Blech lösen und auf einem Kuchengitter auskühlen lassen. • Die Kuvertüre im Wasserbad auflösen. • Inzwischen die Orangenmarmelade mit dem Grand Marnier glattrühren und jeweils zwei Plätzchen damit füllen. • Die Malteser so in die Kuvertüre tauchen, daß sie einseitig überzogen sind. Auf dem Kuchengitter trocknen lassen.

> **Mein Tip** Die Malteser kann man auch mal mit gutem, festem Zitronengelee füllen, in das man ein paar Tropfen Cointreau rührt.

Zitronenbrezeln

Zutaten für etwa 70 Brezeln:
300 g Mehl · 1 Eigelb · 1 Prise Salz ·
½ Vanilleschote · 100 g Puderzucker ·
200 g Butter
Mehl zum Ausrollen
Für den Guß:
½ Eiweiß · 150 g Puderzucker ·
2 Eßl. Zitronensaft

● Zubereitungszeit: 1 Stunde.
● Kühlzeit: 30 Minuten.
● Backzeit: 15 Minuten pro Blech.

So wird's gemacht: Das Mehl in eine Schüssel geben. In die Mitte eine Mulde drücken. Das Eigelb, das Salz, das Vanillemark und den gesiebten Puderzucker hineingeben. Die Butter auf dem Mehlrand verteilen. • Das Eigelb mit dem Löffel verrühren und dabei etwas Mehl einarbeiten. Dann von außen nach innen einen Teig kneten. Den Teig 30 Minuten zugedeckt im Kühlschrank ruhen lassen. • Den Backofen vorheizen: Elektroherd auf 180°, Gasherd auf Stufe 2. • Den Teig portionsweise aus dem Kühlschrank nehmen. Davon dünne Stangen auf der bemehlten Arbeitsfläche rollen. Kleine Brezeln daraus formen. • Die Brezeln aufs ungefettete Backblech legen. In den Ofen auf die mittlere Schiene schieben. Die Brezeln 15 Minuten backen. • Das Blech aus dem Backofen nehmen. • Die Brezeln auf dem Kuchengitter abkühlen lassen. • Für den Guß das Eiweiß mit dem gesiebten Puderzucker und dem Zitronensaft dickflüssig rühren. • Die Brezeln in den Guß tauchen und trocknen lassen.

Schürzkuchen

Zutaten für etwa 30 Schürzkuchen:
600 g Mehl · 100 g Zucker · abgeriebene Schale
von 1 Zitrone · 3 Eier · 1 Prise Salz ·
3 Eßl. Milch · 3 Eßl. Rum · 100 g Butter ·
Mehl zum Ausrollen
Zum Ausbacken:
1 kg Schmalz oder 1 l Öl
Zum Bestäuben: Puderzucker

- Zubereitungszeit: 50 Minuten.
- Kühlzeit: 45 Minuten.
- Backzeit: Etwa 5 Minuten für jede Portion.

So wird's gemacht: Das Mehl in eine Schüssel geben. In die Mitte eine Mulde drücken. Den Zucker, die abgeriebene Zitronenschale, die

Eier, das Salz, die Milch und den Rum hineingeben. Die Butter in Flöckchen auf dem Mehlrand verteilen. Die Zutaten in der Mulde miteinander verrühren. Dann von außen nach innen einen Teig kneten. Gut durcharbeiten. Den Teig zugedeckt 45 Minuten im Kühlschrank aufbewahren. • Das Schmalz oder das Öl in einem Fritiertopf oder in der elektrischen Friteuse auf 180° erhitzen. • Den Teig auf der bemehlten Arbeits-

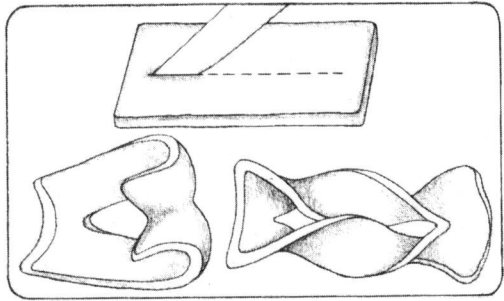

Für Schürzkuchen einen Schnitt in das Teigblatt machen und ein Ende durchziehen.

fläche portionsweise messerrückendick ausrollen. • Mit einem Teigrädchen 4 cm breite und 7 cm lange Streifen ausrädern. In die Mitte der Streifen der Länge nach einen Schnitt machen und ein Ende dadurch ziehen (siehe Zeichnung) • Die Schürzkuchen nacheinander portionsweise im heißen Fett etwa 5 Minuten goldbraun backen. • Dann auf Küchenkrepp abtropfen lassen und mit dem Puderzucker bestäuben. • Auf dem Kuchengitter auskühlen lassen.

Mein Tip Ich nehme immer nur soviel Teig aus dem Kühlschrank, wie ich jeweils verarbeiten kann. Der Rest kommt wieder in die Kälte. So läßt sich der Teig besser ausrollen.

Farin-Haselnuß-makronen

Zutaten für etwa 84 Makronen:
3 Eier · 500 g Farinzucker (brauner Zucker) ·
1 Prise Salz · 1 Päckchen Vanillinzucker ·
375 g geriebene Haselnüsse · 84 kleine runde
Oblaten · 50 g ganze Haselnüsse

- Zubereitungszeit: 35 Minuten.
- Backzeit: 20 Minuten für jedes Blech.

So wird's gemacht: Die Eier mit dem Farinzuk-ker in einer Schüssel weißschaumig rühren. Die Prise Salz und den Vanillinzucker dazugeben. Die geriebenen Haselnüsse hineinrühren. • Die Oblaten auf 2 ungefettete Backbleche legen. Darauf mit 2 Teelöffeln den Teig verteilen. • Den Backofen vorheizen: Elektroherd auf 170°, Gasherd auf Stufe 2. • In die Teigportionen je 1 Haselnußkern drücken. • Ein Blech in den Backofen auf die mittlere Schiene schieben. 20 Minuten backen. • Die fertigen Makronen auf einem Kuchengitter abkühlen lassen und die übrigen auf dem zweiten Blech backen. • Vor dem Verpacken in einer luftdichten Blechdose die überstehenden Oblatenränder abbrechen.

Oma Riedemanns Eierplätzchen

Zutaten für 120 Stück:
250 g Butter · 250 g Zucker · 2 Eier ·
2 hartgekochte Eigelbe · 375 g Mehl · 2 Teel.
Hirschhornsalz · Butter für das Backblech ·
Mehl zum Ausrollen
Zum Bestreichen und Bestreuen:
1 Eigelb · 1 Eßl. Sahne oder Kondensmilch ·

2 Eßl. Hagelzucker
2 Eßl. geschälte gemahlene Mandeln

- Zubereitungszeit: 1 Stunde und 20 Minuten.
- Kühlzeit: 1 Stunde.
- Backzeit: 10 Minuten für jedes Blech.

So wird's gemacht: Die Butter mit dem Zucker in einer Schüssel schaumig rühren. Nach und nach die Eier hineinmischen. Die hartgekochten Eigelbe durch ein Sieb streichen und in die Buttermasse rühren. • Das Mehl mit dem Hirschhornsalz mischen. • Nach und nach in die Buttermasse rühren. Zum Schluß kneten. • Aus dem Teig auf der bemehlten Arbeitsfläche etwa 5 Rollen von 20 cm Länge und 2 cm Durchmesser formen. Zugedeckt 1 Stunde im Kühlschrank kalt stellen. • Den Backofen vorheizen: Elektroherd auf 200°, Gasherd auf Stufe 3. • Von den Rollen ca. ½ cm dicke Teigscheiben mit einem scharfen Messer abschneiden. Auf vier leicht mit Butter eingefettete Backbleche verteilen. • Das Eigelb mit der Sahne oder der Kondensmilch in einer Tasse verquirlen. Jedes Teigstück damit bestreichen. Die Hälfte mit Hagelzucker, die Hälfte mit geriebenen Mandeln bestreuen. Zucker und geriebene Mandeln vom Blech wischen, wenn etwas danebengegangen ist. • Ein Blech nach dem anderen auf die mittlere Leiste in den Backofen schieben. Teig 10 Minuten backen. • Das Blech aus dem Ofen nehmen. Die Eierplätzchen auf einem Kuchengitter abkühlen lassen. In einer Blechdose gut verschlossen aufbewahren.

Kochbücher »wie noch nie«.

Hier sind die millionenfach bewährten und berühmten »wie noch nie« Bildkochbücher. Mit kulinarisch-köstlichen und zugleich praktischen Bildrezepten.

Backvergnügen wie noch nie
Das große GU Backbuch mit Christian Teubners und Annette Wolters besten Back-Ideen: Von Großmutters Napfkuchen und großer Torten-Nostalgie, klassisch-raffinierter Weihnachtsbäckerei bis zu den beliebten Obstkuchen. Von rustikalen Brotlaiben, Brezen und Schmalzgebäck bis zu verführerischen Pizza-Variationen…
Über 300 brillante Farbfotos machen das Backen leicht und vergnüglich.

**Kalte Küche –
köstlich wie noch nie**
Unglaublich schöne Farbfotos mit köstlichen Rezepten für Bunte Happen, Kalte Platten, delikate Brote und pikante Brotaufstriche, für appetitlich gefüllte Gemüse und Früchte und abwechslungsreiche Fleisch- und Käseplatten, für Delikatessen aus dem Meer, Party-Gebäck und Feinschmecker-Pasteten, für leichte und raffinierte Salate, kleine und große Buffets, für Pikantes zu Bier und Wein…
Über 300 brillante Farbfotos zum Schwelgen!

Kochvergnügen wie noch nie
Das große GU Bildkochbuch. Mit den besten Koch-Ideen von Christian Teubner und Annette Wolter für deftige und feine Suppen, köstliche Vorspeisen, einfache und raffinierte Hauptgerichte und himmlische Desserts. Ob rustikal, gediegen oder festlich – was Sie auch auswählen, gelingt und schmeckt fabelhaft.
Über 300 brillante Farbfotos beantworten Ihre tägliche Frage »was koche ich heute?"

GU
Gräfe
und
Unzer

Einfach
ansehen,
auswählen,
nachkochen
oder
nachbacken…

Rezept- und Sachregister